Dagmar Schratter

Graupapageien

53 Farbfotos
21 Zeichnungen

Heimtiere

Ulmer

Inhalt

Vorwort

Rechte Seite:
Größere Nahrungs-
brocken führt der
Graupapagei mit dem
Greiffuß zum Schnabel.

In ihren Heimatländern waren Papageien schon vor mehr als 2000 Jahren beliebte Hausgenossen. Seit der Mitte des zweiten Jahrtausends brachten Eroberer und Entdecker sie auch nach Europa, wo sie besonders an Fürstenhöfen hoch geschätzt waren. Ihr hervorragendes Nachahmungstalent machte schon zu dieser Zeit die Graupapageien zu besonders begehrten Stubenvögeln und auch heute noch ist der Graupapagei mit Abstand der bekannteste, beliebteste und am häufigsten in Menschenobhut gepflegte Großpapagei.

Die Pflege von Graupapageien hat also lange Tradition und trotzdem zählen sie zu den am wenigsten verstandenen Heimtieren unserer Zeit. Noch immer werden viele dieser hochsozialen Vögel einzeln, oft dazu noch in viel zu kleinen Käfigen gehalten. Psychische Störungen bis hin zu ernsthaften organischen Erkrankungen sind häufig die Folge solcher inadäquater Haltungsbedingungen.

Graupapageien brauchen Zuwendung, genügend Bewegungsmöglichkeit und Beschäftigung – und sie brauchen Artgenossen, um sich wirklich wohl zu fühlen. Der menschliche Partner kann einen Artgenossen nie wirklich ersetzen, auch dann nicht, wenn der Graupapagei zutraulich wird und die menschliche Sprache erlernt. Die Sprachbegabung sollte auch niemals der einzige Grund für die Anschaffung eines solchen Vogels sein. Ebenso viel Freude macht die Beobachtung des vielseitigen Verhaltensrepertoires der Graupapageien oder das Miterleben eines Ehe- und Familienlebens dieser monogamen Vögel, die, wenn sie einmal einen Partner erwählt haben, diesem lebenslang die Treue halten.

Die artgerechte Haltung von Graupapageien ist anspruchsvoll. Sie brauchen eine abwechslungsreiche, ausgewogene Ernährung, eine geeignete Unterbringung, am besten eine Zimmer- oder Freivoliere, genügend Beschäftigungsmöglichkeiten und Kontakt zu Artgenossen. Wenn Sie den Graupapageien dann auch noch reichlich Zeit widmen, um sie zahm und vertraut zu machen, dann werden Sie sich viele viele Jahre – Graupapageien können sechzig Jahre alt werden – an diesen schönen, interessanten und klugen Vögeln erfreuen können.

Wien, im Frühjahr 2001
Dr. Dagmar Schratter

Herkunft, Biologie und Aussehen

Der Graupapagei ist wohl einer der bekanntesten Papageien über-
haupt. Er gilt als unübertroffener Sprach- und Nachahmungskünstler
und wurde daher schon sehr früh in Menschenobhut gehalten.
Besonders im letzten Jahrhundert blühte der Fang und Handel mit
Graupapageien, so dass diese geselligen Vögel in ihrer afrikanischen
Heimat enorm zurückgegangen sind.

Wo sind Graupapageien zu Hause?

Die Heimat der Graupapageien (*Psittacus erithacus erithacus*), auch
Kongo-Graupapagei oder „Jako" genannt, ist das äquatoriale, tropi-
sche Afrika. Sein Verbreitungsgebiet erstreckt sich von der Elfenbeinküste bis West-Kenia und Nordwest-Tansania, südwärts über Gabun
und Kongo bis nach Nord-Angola, inklusive der Inseln Principe und
Sao Tomé.

Die etwas kleinere Unterart, der Timneh-Graupapagei (*Psittacus
erithacus timneh*) bewohnt Süd-Guinea, Sierra Leone, Liberia und den
westlichen Teil der Elfenbeinküste.

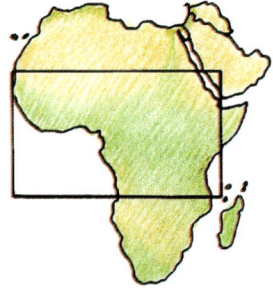

Psittacus e. erithacus

Psittacus e. princeps

Psittacus e. timneh

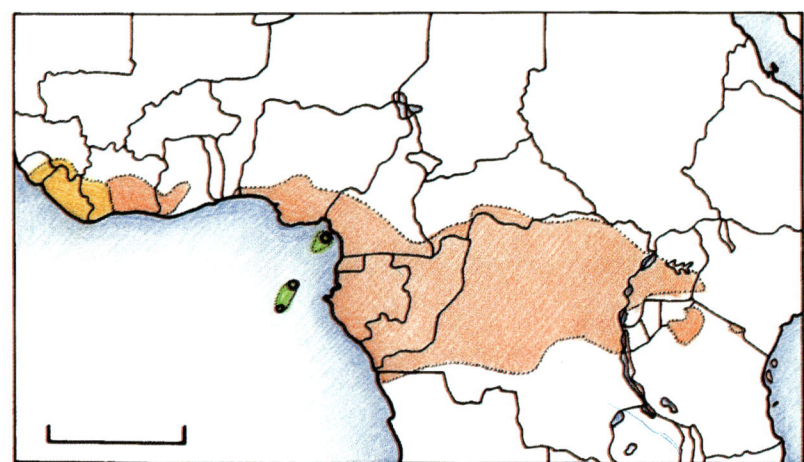

Die auf den Inseln Príncipe und Fernando Poó im Golf von Guinea lebenden Graupapageien, früher noch als eigene, dritte Unterart (*Psittacus erithacus princeps*) eingestuft, werden heute von den meisten Wissenschaftern der Nominatform (*die Stammform Psittacus erithacus erithacus*) zugerechnet.

■ Rechte Seite:
Beim Klettern benutzt der Graupapagei Füße und Schnabel.
Kleines Bild: Die Schwanzfedern der Timneh-Graupapageien sind nicht leuchtend rot sondern dunkel rot-braun.

Graupapageien, in erster Linie Waldbewohner, sind meist in großen Schwärmen entlang der Flussläufe und Mangrovensümpfe, in küstennahen Wäldern und in Waldgebieten an den Savannenrändern des Verbreitungsgebietes anzutreffen, manchmal auch im Kulturland, zum Beispiel in Kokosnuss-Plantagen. Im Osten des Verbreitungsgebietes findet man sie in Höhen bis zu 2200 m über dem Meeresspiegel. Ihre Verbreitung ist eng mit dem Vorkommen der Ölpalme verbunden, deren Früchte einer ihrer Hauptnahrungsbestandteile ist.

Aussehen und Stellung im zoologischen System

Graupapageien gehören zur Ordnung der Papageien und innerhalb dieser zur Unterfamilie der echten Papageien. Ihr gerader Schwanz ist kürzer ist als die halbe Flügellänge, deshalb werden sie auch als Stumpfschwanzpapageien bezeichnet. Die Vögel sind 28 bis 40 cm groß bei einem Körpergewicht von 400 bis 490 g. Der kurze Hals, die kräftigen Beine und der gedrungene Körper verleihen dem Graupapagei ein kraftvolles, widerstandsfähiges Aussehen. Ihr Schnabel ist kurz, kompakt, kräftig und stark gekrümmt. Er wird nicht nur zur Nahrungsaufnahme und zur Körperpflege benutzt, sondern erweist sich auch bei der Fortbewegung als nützliches Werkzeug. Gleichsam als „Kletterhaken" eingesetzt, erleichtert er dem Vogel die Fortbewegung im Geäst. Ein zusätzliches Gelenk zwischen Oberschnabel und Schädeldach – ein charakteristisches Merkmal aller Papageien – macht den Schnabel besonders beweglich. Auch die Zunge ist sehr beweglich. Sie ist rund und sehr muskulös und trägt an der Spitze eine Hornkappe. Mit ihr gelingt es dem Graupapageien, die verschiedenen Samen aus ihren Hülsen herauszulösen.

■ Der Oberkiefer eines Papageien ist nicht fest mit dem Schädel verbunden, dadurch ist der Schnabel besonders beweglich.

Die Füße der Graupapageien sind hochspezialisierte Greifwerkzeuge. Dabei sind die beiden äußeren Zehen nach hinten gerichtet, die mittleren beiden nach vorne. Diese Zehenstellung ist ein weiteres typisches Merkmal aller Papageien, das es ihnen

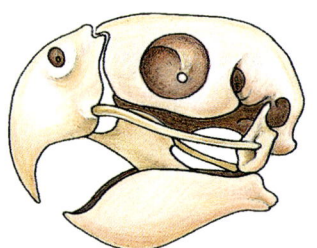
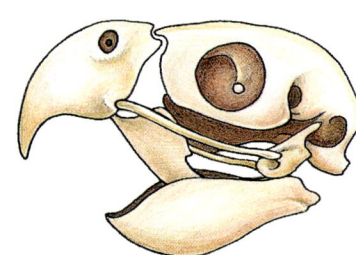

ermöglicht, sich mühelos im Geäst zu bewegen. Mit dem Greiffuß halten sie aber auch Gegenstände, speziell größere Nahrungsbrocken, und führen sie damit zum Schnabel.

Das gesamte Federkleid des Graupapageien ist blassgrau, mit Ausnahme der leuchtend roten Schwanzfedern. Die Federn an Kopf und Brust sind hell gesäumt. Je nach Region können die Grautöne des Gefieders heller oder dunkler sein. Die Wachshaut und die Augenumgebung sind unbefiedert und weißlich gefärbt. Der Schnabel ist dunkelgrau bis schwarz, die Füße grau und die Iris blass- bis maisgelb.

Weibchen und Männchen unterscheiden sich äußerlich fast nicht. Oft hat das Weibchen einen etwas schmaleren Kopf und eine geringere Krümmung des Oberschnabels. Jungvögel unterscheiden sich im Gefieder kaum von den Erwachsenen, nur die Schwanzfedern sind noch nicht rot sondern grau mit dunkelroten Spitzen. An seiner dunklen Iris kann man aber einen Jungvogel sicher erkennen.

Der Timneh-Graupapagei hat, verglichen mit dem Graupapageien ein sehr viel dunkler graues Gefieder. Seine Schwanzfedern sind nicht leuchtend rot, sondern rotbraun und der Oberschnabel ist fleischfarben mit schwärzlicher Spitze. Vor allem aber ist der Timneh-Graupapagei deutlich kleiner als sein blassgrauer Vetter.

Systematik des Graupapageien

Ordnung:	Papageien *Psittaciformes*
Familie:	Papageien *Psittacidae*
Unterfamilie:	Echte Papageien *Psittacinae*
Gattung:	Graupapagei *Psittacus*
Art:	*Psittacus erithacus* Linnaeus, 1758
Unterarten:	*Psittacus erithacus erithacus* Linnaeus, 1758
	Psittacus erithacus timneh Fraser, 1844

Lebensweise und Sozialverhalten in der Natur

Graupapageien sind sehr gesellige Vögel. In den Wäldern ihrer Heimat leben sie außerhalb der Brutzeit in großen Schwärmen von bis zu mehreren Hundert Vögeln. Allabendlich bei Anbruch der Dunkelheit, versammeln sie sich auf ihren traditionellen Schlafplätzen hoch in den Bäumen. Mit lautem Kreischen und rhythmischen Pfiffen kommen die einzelnen Gruppen aus allen Richtungen geflogen und suchen einen guten Platz für die Nacht. Erst wenn es ganz dunkel wird, legen sich Lärm und Unruhe. Am nächsten Morgen fliegen die Papageien in kleinen Gruppen wieder zu ihren Nahrungsplätzen und Wasserstellen zurück.

Ihre Nahrung – Früchte, Beeren, Samen und Nüsse – finden Graupapageien vor allem hoch in den Baumwipfeln. Auf ihren Wanderungen suchen sie nach Bäumen, die gerade reife Früchte tragen. Dabei fliegen sie bisweilen sehr weit. Besonders beliebt sind die Früchte der Ölpalme, von denen sie das Fruchtfleisch, nicht aber die Kerne verzehren. Rote Früchte, wie zum Beispiel die Cola-Nuss, scheinen sie besonders vorzuziehen.

Wo Getreidefelder in der Nähe von Waldbeständen liegen, ziehen die Schwärme der Graupapageien zur Nahrungsaufnahme und tun sich an Mais und anderen Getreidesorten gütlich. Das macht sie bei den dort lebenden Einwohnern nicht gerade beliebt.

Zur Brutzeit sondern sich die Graupapageien paarweise von der Gruppe ab oder brüten in lockeren Kolonien, meist immer nur ein Paar in einem Baum. Nur auf Prìncipe hat man auch schon zwei besetzte Nester und in Ghana gar drei Bruthöhlen in einem Baum gefunden. Graupapageien leben in der Regel monogam, sie gehen eine feste, lebenslange Ehe ein. Wie die meisten Papageien brüten Graupapageien in alten, morschen Bäumen in tiefen Höhlen oder Astlöchern. Nistmaterial tragen sie nicht ein, aber sie bearbeiten die Höhle mit ihrem Schnabel, bis sie groß und tief genug ist und sich bei dieser Arbeit nebenbei eine schöne Schicht Holzmulm als Nistunterlage gebildet hat.
Die Eier, meist zwei bis drei, selten auch vier, werden nur vom Weibchen bebrütet, das Männchen beteiligt sich aber später an der Fütterung der Jungvögel.

In Westafrika, Prìncipe und Gabun erstreckt sich die Brutzeit der Graupapageien von November bis April, in Ostafrika brüten sie im Juni und Juli und in Zaïre von Juli bis Dezember. Diese unterschiedlichen Brutzeiten hängen von den jeweiligen klimatischen Bedingungen des Verbreitungsgebietes ab.

Schon 1911 schreibt Floericke in seinem Buch „Vögel fremder Länder" Folgendes:
„So ist der wegen seiner sprachlichen Begabung von den Vogelfreunden mit Recht so hochgeschätzte Jako ein gefürchteter Gast in den Mais- und Bananenfeldern Westafrikas. Sind sie in solchen Pflanzungen erst einmal eingefallen und haben sie mit der ihnen eigenen Vorsicht Wachposten aufgestellt, um gegen unliebsame Überraschungen geschützt zu sein, so hausen sie fast ebenso schlimm wie die Affen, da sie gleich diesen aus bloßem Übermut, Spielerei und Leckerhaftigkeit ungleich mehr zerstören und verwüsten, als wirklich verzehren."

■ Diese leichte Drohgebärde mit gespreiztem Kopf- und Brustgefieder signalisiert eine gewisse Unsicherheit.

Überlegungen vor dem Kauf

Rechte Seite:
Mit frischen belaubten Zweigen kann sich ein Graupapagei stundenlang beschäftigen.

Die Anschaffung eines Graupapageien will sehr gut überlegt sein. Diese Vögel sind exotische Wildtiere mit großen Ansprüchen an Unterbringung, Ernährung und Betreuung. Graupapageien können gut sechzig Jahre alt werden. Man muss sich beim Erwerb darüber klar sein, dass man die Verantwortung für dieses Tier für eine sehr, sehr lange Zeit übernimmt. Sich einen Graupapagei anzuschaffen ist eine Entscheidung fürs Leben!

Einzelvogel, Paar oder Gruppe?

Sehr oft verbindet der Käufer mit dem Erwerb eines Graupapageien den Wunsch nach einem zahmen und möglichst auch sprechenden Vogel. Oft soll der Papagei auf Grund seiner Anhänglichkeit, seines verspielten Wesens und seiner Fähigkeit, die menschliche Sprache nachzuahmen, auch fehlende zwischenmenschliche Beziehungen ersetzen, Partner- oder Kinderersatz sein. Dem potentiellen Käufer wird erzählt, dass nur Einzelvögel sich dem Betreuer anschließen und sprechen lernen. Meist aber ist das Sprechen ein reiner Verzweiflungsakt des Graupapageien, um wenigstens den Menschen an sich zu binden, wenn ihm schon der Artgenosse fehlt. Deshalb werden immer noch viel zu viele Einzelvögel gekauft und gehalten.

In der Regel wird ein solcher Graupapagei die ihm zugedachte Rolle aber nicht erfüllen können. Es gibt bei den Graupapageien, wie bei allen Lebewesen große individuelle Unterschiede in der Lernfähigkeit. Manche lernen sehr bald Worte und Laute nachzuahmen, andere wieder lernen das Sprechen nie. Außerdem schließt sich ein einzeln gehaltener Graupapagei nur in seltenen Fällen auf Dauer wirklich eng an den Betreuer an. Spätestens mit Eintritt der Geschlechtsreife im Alter von vier bis fünf Jahren verändert sich sein Verhalten. Der bisher nette, friedliche und verspielte Hausgenosse wird manchen Familienmitgliedern oder dem Betreuer selbst gegenüber aggressiv oder zeigt Frustrationserscheinungen bis hin zu schweren Verhaltensstörungen und beginnt im schlimmsten Fall sogar mit Federbeißen oder Federrupfen. Das ist eine Neurose, die der Vogel oft auch bei Änderung der Lebensbedingungen nicht mehr ablegt.

Es ist eine Tatsache, dass bei Einzelpflege einigen wenigen zahmen und gesunden Graupapageien ein Heer von neurotischen und verhaltensgestörten gegenüber steht.
Einzelhaltung eines Graupapageien ist, vor allem wenn man seinen ersten erwirbt, absolut inakzeptabel!

Um einen Graupapagei zahm und vertraut zu machen, braucht man viel Geduld und Einfühlungsvermögen.

Das bedeutet natürlich nicht, dass absolut jeder zahme, einzeln gehaltene Graupapagei neurotisch, nervös oder aggressiv oder insgesamt ein „seelischer Krüppel" sein muss. Es gibt Beispiele von Graupapageien, die 20 Jahre und mehr als Einzelvogel in einem Haushalt gelebt haben und dabei durchaus einen gesunden und zufriedenen Eindruck machen. Die Besitzer solcher Papageien sind aber ganztägig zu Hause, beschäftigen sich praktisch rund um die Uhr mit ihren Hausgenossen. Sie zeigen viel Einfühlungsvermögen und Verständnis, wenn ihr Liebling in den Frühlings- und Sommermonaten in Brutstimmung kommt und sein Wesen und Verhalten für einige Wochen ändert. Solch ein für beide Seiten zufriedenes Zusammenleben ist aber die Ausnahme! Meistens wird es bei Einzelhaltung auch bei besten Bedingungen und aufopfernder Pflege ab der Geschlechtsreife des Graupapageien Probleme geben.

Eine Änderung der Lebensumstände eines auf den Menschen geprägten Graupapageien, wie ein Umzug, eine Änderung der sozialen Zusammensetzung in der menschlichen Familie durch Heirat einer Bezugsperson oder gar durch den Tod des Besitzers, kann auch bei einzeln gehaltenen Graupapageien, die jahrelang bei bester Gesundheit gehalten wurden, das Verhalten ändern. Sie können zum Beispiel plötzlich aggressiv werden. Solche Vögel, die vielleicht vorher täglich Freiflug hatten, werden nun nicht mehr aus dem Käfig gelassen. Das wiederum verstärkt ihre Frustration, seelische Störungen, die sich in Verhaltensauffälligkeiten äußern, bis hin zu körperlichen Krankheiten können die Folge sein.

Wie alle Papageien sind Graupapageien ausgesprochen soziale Vögel. Nie trifft man in seiner afrikanischen Heimat auf einen einzelnen Graupapagei. Sie leben paarweise zusammen, hängen aneinander und sind treuer als so mancher menschliche Ehepartner. Außerhalb der Brutzeit leben sie in Familiengruppen oder großen Schwärmen zusammen und alle Aktivitäten werden mit den Artgenossen gemeinsam unternommen.

Graupapageien in Menschenobhut sollten daher paarweise oder in Gruppen gehalten werden, denn nur dann können soziale Kontakte gepflegt oder sexuelle Bedürfnisse befriedigt werden. Auch bei bester

Betreuung kann ein Mensch als Partner niemals einen Artgenossen ersetzen, das sollte jedem verantwortungsvollen, zukünftigen Graupapageienhalter klar sein.

Im deutschen Gutachten über die Mindestanforderungen an die Haltung von Papageien, das von einer Sachverständigengruppe im Auftrag des Bundesministeriums für Ernährung, Landwirtschaft und Forsten herausgegeben wurde, gibt es eine einzige Ausnahme: von paarweiser oder Kleingruppenhaltung ausgenommen sind nur unverträgliche und derzeit noch vorhandene, einzig auf den Menschen geprägte sowie kranke und verletzte Vögel.

> **Einzelhaltung** ist die schlechteste Form der Papageienpflege und sollte der Vergangenheit angehören!

Wenn Sie schon einen einzelnen Graupapageien haben, dann sollten Sie versuchen, ihn mit einem Artgenossen zu vergesellschaften. Allerdings muss dies mit äußerster Geduld und einem ständigen Augenmerk auf den Schützling geschehen. Graupapageien sind bei der Paarbindung besonders wählerisch, nicht jedes Männchen und jedes Weibchen harmonieren miteinander. Die Suche nach geeigneten Partnern gestaltet sich oft schwierig, besonders bei von Hand aufgezogenen Tieren, denn ein Papagei lernt die Fähigkeit zur Partnerbindung von seinen Eltern. Seriöse Züchter und Händler werden Ihnen eine Probezeit gewähren, innerhalb der Sie den neuen Vogel zurückgeben können, wenn er sich mit Ihrem Graupapageien nicht verträgt. Wenn es beim ersten Mal nicht gleich geklappt hat, werfen Sie die Flinte nicht ins Korn. Geben sie Ihrem Papageien noch eine Chance. Es muss ja nicht eine Partnerschaft fürs Leben sein. Die Vögel müssen sich nicht lieben, es reicht, wenn sie einander akzeptieren. Auch gleichgeschlechtliche Papageien können sich ausgezeichnet verstehen und selbst das Zusammenleben mit einer anderen Art, wie beispielsweise einer Amazone, ist der Einzelhaltung ganz eindeutig vorzuziehen. Auch hier können sich Tierfreundschaften entwickeln, die das Leben Ihres Papageis ganz wesentlich bereichern.

Wer viel Platz hat und sich eine größere Voliere leisten will, kann eine Gruppe von Graupapageien pflegen. Das entspricht am meisten ihrer natürlichen Lebensweise. Der größte Vorteil bei dieser Haltungsform ist, dass sich die Vögel selbst ihren Partner wählen können. In vielen zoologischen Gärten und anderen wissenschaftlichen Institutionen wird dies schon lange mit Erfolg praktiziert. Solche Gruppen sind oft dadurch entstanden, dass Einzeltiere aus Privathaushalten an solche Einrichtungen abgegeben wurden. Im Schönbrunner Tiergarten in Wien ist die Graupapageiengruppe zum Groß-

In Nisthöhlen aus Naturstämmen fühlen sich Graupapageien während der Brut und Aufzucht der Jungen am wohlsten.

teil auf diese Weise zusammengestellt worden. Die Vögel haben sich anfangs gegenseitig ignoriert. Das ist auch heute noch bei neu hinzukommenden Vögeln der Fall. Mit der Zeit bildeten sich dann aber lockere Kontakte zwischen einzelnen Individuen. Schließlich hat sich sogar ein Paar gefunden, das innerhalb der Gruppe nun schon dreimal erfolgreich Junge aufgezogen hat. Nistplatz und Umgebung wurden während der Brutzeit gegen die Mitbewohner natürlich verteidigt, die Reviergrenzen des Paares haben die anderen Graupapageien aber ohne Weiteres akzeptiert. Auch bei Privathaltern hat sich die Gruppenhaltung von Papageien nach dem Vorbild in den zoologischen Gärten in der Zwischenzeit bewährt.

Käfig, Zimmer- oder Freivoliere

TIPP Jeder Graupapagei muss auch in Menschenobhut die Möglichkeit haben, seine natürlichen Fortbewegungsabläufe – Klettern, Fliegen und Laufen – ausleben zu können.

In einem **Käfig** sind natürliche Bewegungsabläufe prinzipiell nicht möglich, daher muss einem Graupapageien, der in einem Käfig gehalten wird, wenigstens regelmäßig die Möglichkeit zum freien Fliegen im Zimmer gegeben werden. Ein Käfig kommt daher, wenn überhaupt, nur für einen zahmen Graupapagei in Frage, und nur für die Zeit, in der er sich nicht frei bewegen darf.

Eine begehbare **Zimmervoliere** oder eine **Freivoliere** mit einem angeschlossenen heizbaren Schutzraum für die kalte Jahreszeit empfiehlt sich dagegen als dauerhafte Unterbringung. Nur in einer genügend großen Voliere können die Graupapageien wirklich die wichtigsten Grundformen ihres Verhaltens ausleben. Eine Zimmervoliere hat den Vorteil, dass die Papageien am menschlichen Familienleben teilnehmen können und damit zusätzlich beschäftigt werden. Die Voliere sollte an einem hellen, zugfreien Ort stehen, an dem aber die Frischluftzufuhr trotzdem gesichert sein muss.

Gegenüber der Zimmervoliere hat die Freivoliere den Vorteil, dass die Papageien Licht und Sonne genießen, Wind und Wetter spüren und in der warmen Jahreszeit auch einmal ein Regenbad nehmen können. Die in der Umgebung frei lebenden Vögel, Schmetterlinge, vorbeifliegenden Insekten oder auch nur durch den Wind bewegte Blätter sorgen für zusätzliche Abwechslung im Alltag Ihrer Graupapageien. Eine Freivoliere kann entweder nur in den Sommermonaten oder ganzjährig genutzt werden. In jedem Fall muss ein Witterungsschutz zur Verfügung stehen und bei der Nutzung rund ums Jahr auch ein beheizter Schutzraum.

Einen Graupapagei ausschließlich im Käfig zu halten, ihm jede artgemäße Gesellschaft und jede Beschäftigung zu untersagen, ist Tierquälerei!

Wohin mit dem Vogel im Urlaub?

Graupapageien sind sehr konservative Vögel, sie fühlen sich am wohlsten in ihrer bekannten Umgebung. Am besten ist es daher, rechtzeitig eine vertraute Person mit den pflegerischen Tätigkeiten vertraut zu machen. Ist das nicht möglich, so gibt es vielleicht Freunde oder Bekannte, welche die Vögel vorübergehend aufnehmen können. Auch manche Zoohandlungen übernehmen Urlaubsbetreuungen. Probleme kann es dabei aber bei einzeln gehaltenen, auf den Menschen geprägte Graupapageien geben. Diese Vögel leiden oft extrem unter der Trennung von ihrer Bezugsperson, fressen weniger oder verweigern sogar für einige Zeit jede Nahrungsaufnahme. Solche Vögel sind schon – sozusagen über Nacht, zu Federrupfern geworden.

Graupapageien sind sehr oft misstrauisch fremden Personen gegenüber. Versuchen Sie deshalb unbedingt, Ihren Graupapageien **rechtzeitig an andere Personen** zu **gewöhnen**, damit der Betreuungswechsel für ihn nicht zu abrupt erfolgt.

Den oder die Graupapageien in den Urlaubsort mitzunehmen, ist jedenfalls nicht anzuraten. Zum Stress und den Gesundheitsrisiken während der Reise kommt die völlig neue Umgebung am Urlaubsort, in welcher der Papagei wahrscheinlich ohnehin einen Großteil der Zeit sich selbst überlassen bliebe.

Beim kontrollierten Freiflug in der Wohnung werden auch Gardinen gerne als Klettergerüst genutzt.

Nicht nur die Anschaffung kostet Geld

Neben den oft hohen Anschaffungskosten für die Papageien selbst ist vor allem die Schaffung einer wirklich artgerechten Unterbringung recht kostspielig. Außer den einmaligen Ausgaben für eine Voliere verursachen Graupapageien auch laufende Kosten für Futter, Spielzeug und – im Krankheitsfall – auch hohe Tierarztkosten.

Woran man noch denken sollte

Federn, Futterreste und Staub müssen bei einer Haltung in der Wohnung mit berücksichtigt werden. Auch bei größter Aufmerksamkeit, wird es einem in der Wohnung frei fliegenden Graupapagei immer

wieder gelingen, Tapeten, Möbel oder andere Einrichtungsgegenstände zu beschmutzen und zu beschädigen. Überlegen Sie vor der Anschaffung eines Graupapageis, ob Sie damit leben können!

Obwohl Graupapageien nicht zu den stimmgewaltigsten dieser Vogelgruppe zählen, wie Aras, Kakadus oder manche Sitticharten, sollte man doch vorher mit den Nachbarn über den geplanten Familienzuwachs sprechen. Mancher Graupapagei musste auf Grund von Beschwerden der Nachbarn über Lärmbelästigung sein neues Heim wieder verlassen.

Um grobe Fehler beim Kauf und bei der Haltung von Graupapageien zu vermeiden, sollte sich jeder zukünftige Besitzer dringend auch über alle behördlichen Auflagen rechtzeitig informieren.

TIPP Neigt ein Familienmitglied zu Allergien, sollte sich dieses, bevor man sich einen Papageien ins Haus holt, auf Feder- oder Federstauballergie testen lassen.

Woher bekommt man einen Graupapageien?

Am besten kauft man Graupapageien direkt bei einem guten **Züchter**. In Fachzeitschriften für Vogelfreunde finden sich meist Angebote mit Namen, Anschrift oder Telefonnummer. Natürlich kann man auch in einem gut geführten Zoofachgeschäft einen Graupapageien kaufen. Der Verkäufer muss allerdings Auskunft und Nachweis über Herkunft und Geschichte des Vogels geben und im besten Fall auch schon etwas über sein Wesen aussagen können. Auch aus Privathand kann man einen Graupapagei kaufen. Dann sollte man sich aber, sofern es sich nicht um ein nachgezüchtetes Jungtier handelt, ganz genau nach den Gründen für die Weitergabe des Tieres erkundigen. Am besten man lernt den Vogel in der ihm bekannten Umgebung kennen. So kann man nicht nur die bisherigen Lebensumstände erfahren, sondern auch Verhaltensstörungen wie vermehrte Aggression oder Dauerschreien erkennen. Graupapageien wechseln oft auf Grund ihrer langen Lebenszeiten mehrmals den Besitzer. Dies und damit auch ein Wechsel der Lebensumstände bedeuten aber immer Stress für die Vögel. Bei einem schon vorher problematischen Tier können sich Verhaltensauffälligkeiten dadurch noch verstärken. In jedem Fall sollte der Graupapagei, bevor er gekauft wird, eine Weile beobachtet werden: Ein gesunder Vogel ist **lebhaft**, klettert im Käfig herum, putzt sich und ist an den Vorgängen um ihn herum **interessiert**. Das Gefieder glänzt, liegt dicht am Körper an und sollte keine Verschmutzungen zeigen. Die Augen sollen klar sein, Nase und Schnabel sauber. Verstopfte Nasenlöcher können auf **Infektionen** hinweisen. Zu achten ist auch auf Missbildungen am Schnabel. Ober- und Unterschnabel sollten direkt ineinander passen; **Fehlstellungen** können beispielsweise durch eine Verletzung an der Schnabelwurzel entstanden sein. Dann wird man ständige Schnabelkorrekturen durch den Tierarzt durchführen lassen müssen. Ein übermäßig langer Oberschnabel weist auf fehlende Nagemöglichkeit hin. Schwere **Atmung** kann auf eine ganze Reihe von Krankheiten hindeuten.

Jungvögel erkennt man an den noch dunklen Augen, die erst mit zunehmendem Alter heller grau und schließlich beim erwachsenen Vogel gelb werden. Männchen und Weibchen unterscheiden sich äußerlich nicht voneinander. Oft aber haben Männchen einen breiteren, quadratischen Oberkopf, bei den Weibchen ist er schmäler und ovaler. Dies sind jedoch keine sicheren Bestimmungsmerkmale, es gibt individuelle Größenunterschiede bei den Vögeln, die schon oft zu Fehlbestimmungen geführt haben. Wenn Ihnen der Verkäufer ein sicheres Männchen oder Weibchen anpreist, dann verlangen Sie ein Zertifikat der Geschlechtsbestimmung.

Lassen Sie sich auch schriftlich bestätigen, woher der Vogel stammt. Die Tiere müssen durch einen Fußring oder einen implantierten Mikrochip individuell **gekennzeichnet** sein.

Obwohl die Exporte von Graupapageien aus ihrer Heimat seit Mitte der 70er-Jahre des vergangenen Jahrhunderts stark zurückgegangen

Beim Erwerb eines Graupapageien ist auch auf die korrekte Schnabelstellung zu achten.

sind, stimmen folgende Zahlen immer noch bedenklich: alleine in den Jahren 1982 bis 1989 wurden aus Afrika jährlich über 47.000 Graupapageien exportiert. Vor allem dieser Handel ist Schuld am enormen Rückgang der Graupapageien in Liberia. Vor nicht langer Zeit zählte der Graupapagei in Liberia noch zu den häufigen Vogelarten, heute kann man ihn nur noch in einem einzigen Nationalpark beobachten. Ähnlich ist auch die Situation in Ghana oder Sierra Leone, wo lokale Populationen ganz verschwunden sind. Dort sind die Ursachen nicht nur im Handel, sondern auch in der großflächigen Zerstörung des Lebensraums, besonders durch die Rodungen von Wäldern, zu suchen.

Leider zählt der Graupapagei neben der Gelbwangenamazone *Amazona autumnalis* und der Blaustirnamazone *Amazona aestiva aestiva* auch in Deutschland immer noch zu den am häufigsten eingeführten, wild gefangenen Papageien, obwohl der Markt leicht mit Nachtzuchten abzudecken wäre. Zum Teil wird sogar schon ein Überschuss produziert, weil zahme, junge Papageienbabys reißenden Absatz finden. Sehr oft werden solche Vögel dann aber weitergegeben, weil die Vorstellungen der neuen Besitzer falsch waren.

Zwei Vögel, auch wenn es Männchen und Weibchen sind, sind noch lange kein Paar. Es dauert oft sehr lange, bis zwei wahllos zusammengesetzte Vögel sich verpaaren (Anzeichen für Paarbindungsverhalten sind im Kapitel „Brut und Aufzucht der Jungen" beschrieben). Wenn sich die Vögel ignorieren, sind Sie schon in einer guten Ausgangslage, im schlechtesten Fall werden Sie sie wegen Aggression und damit einhergehender Verletzungsgefahr trennen müssen. Ein seriöser Züchter nimmt dann den Graupapageien auch wieder zurück und Sie können nochmals versuchen, ob ein anderer Vogel als Partner akzeptiert wird.

Gesetzliche Bestimmungen

Seit im Jahre 1975 das Washingtoner-Artenschutz-Abkommen (WAA), in Kraft getreten ist, unterliegt der Handel mit Papageien strengen Gesetzen. Dieses Abkommen regelt weltweit den Handel mit bedrohten Tier- und Pflanzenarten. Über 80 Länder sind diesem Übereinkommen beigetreten und auch Deutschland, Österreich oder die Schweiz gehören zu den Unterzeichnerstaaten. Die internationale Bezeichnung lautet **Convention on International Trade in Endange-**

Grundsätzlich lassen sich Veterinärbewilligungen und Bewilligungen nach dem Artenschutz unterscheiden:

Bei den **Veterinärbewilligungen** geht es im weitesten um die Gesundheit des Tieres beim Erwerb und die tiergerechte Unterbringung und Versorgung bei der anschließenden Haltung.

Die **Artenschutzbewilligungen** regeln den Erwerb und den Besitz von international gefährdeten Tierarten, zu denen auch der Graupapagei zählt.

1. Erwerb eines Graupapageien innerhalb der EU

1. Ursprungsbescheinigung:	Der Graupapagei ist nach Internationalem Artenschutzrecht auf Anhang II, nach EU-Recht auf Anhang B gereiht. Dies bedeutet zwar, dass die Tiere unter kontrollierten Bedingungen gehandelt werden dürfen, dieser Handel und der jeweilige Besitz aber nachvollziehbar und jederzeit dokumentierbar sein müssen. Daher muss bei allen Papageien, die Sie erwerben – ob beim Züchter, in der Tierhandlung oder von einer Privatperson, eine Ursprungsbescheinigung beigegeben werden, die den Geburtsort, den Züchter, das Geburtsdatum und die eindeutige Identifikation des Tieres enthält. Diese Ursprungsbescheinigung muss von einer staatlichen Institution ausgestellt sein. Als Identifikation gilt ein Mikrochip, der von einem Tierarzt implantiert wird, oder ein von der Naturschutzbehörde angebrachter Fußring, in den die Buchstaben WA (für Washingtoner Artenschutzabkommen) und eine Nummer eingestanzt sind. Die Nummer des Chips oder des Ringes muss im Dokument aufgeführt sein.
2. Veterinärpapiere:	Verlangen Sie ein tierärztliches Gesundheitszeugnis, das von jedem Tierarzt ausgestellt werden kann.
3. Haltungsbewilligung:	In verschiedenen Staaten brauchen exotische Tiere Haltungsbewilligungen, speziell dann, wenn Sie Ihren Papageien nicht nur als Heimtier sondern als Zuchttier in größeren Beständen halten wollen und eventuell andere Vögel an diesem Ort gehalten werden. So braucht beispielsweise in Deutschland jeder Züchter eine amtliche Genehmigung.
4. Kennzeichnung von Tieren:	Alle Tiere müssen individuell unterscheidbar sein (Mikrochip oder Artenschutzring).

2. Erwerb eines Graupapageien außerhalb der EU

Wenn Sie einen Graupapagei außerhalb der EU erwerben möchten, so brauchen Sie CITES-Papiere für die Einfuhr in die EU. Diese bekommen Sie bei Ihrer Internationalen Artenschutzbehörde. Um sie beantragen zu können, muss der Papagei vorher eindeutig identifizierbar sein (Mikrochip oder ein von der Naturschutzbehörde angebrachter WA-Ring). Die Nummer des Chips oder des Ringes muss im Dokument aufgeführt sein.

1. Importpapiere:	Für die Einfuhr eines Papageien in die EU sind in jedem Fall Import-Veterinärpapiere zu beantragen und zwar bei Ihrer obersten Veterinärbehörde. Sie gelten nach Ausstellung normalerweise 6 Monate und verlangen in den meisten Fällen eine Quarantäne für das Tier von mindestens 3 Wochen. Hierfür müssen Sie eine in der EU anerkannte staatliche Quarantäne-station organisieren. Während dieser Zeit ist das Tier in einer anerkannten tierärztlichen Überwachungsstation untergebracht, die unter der Aufsicht eines Amtstierarztes steht. Sie können nur eingeschränkt Kontakt zu Ihrem Papageien haben. Sollte sich während dieser Zeit eine ernsthafte Erkrankung zeigen, entscheidet der Amtstierarzt über das weitere Schicksal des Tieres. Mit diesen Maßnahmen schützen sich Staaten vor Krankheiten, die den lokalen Tierbestand ebenso gefährden könnten wie die Bürger des Landes.
2. Haltungsbewilligung:	Auch hier müssen Sie, regional verschieden, vor Import des Tieres eine Haltebewilligung bei der zuständigen Behörde einholen.
3. Veterinärpapiere:	Wenn nicht anders in der Veterinärimportbewilligung gefordert, brauchen Sie auf alle Fälle eine von einem für den Absendeort zuständigen Amtstierarzt ausgestellte Gesundheitsbescheinigung, die in jedem Fall enthalten muss: • Geburtsort des Graupapageien, • Name und Adresse des Versenders, • Name und Adresse des Empfängers, • Auskunft über den Gesundheitszustand des Tieres vor dem Verladen, sowie • eine Bestätigung, dass keine Beschränkungen der Ausfuhr von Papageien aus diesem Land bestehen.
4. Kennzeichnung der Tiere:	Hier muss in Abstimmung mit den Artenschutzpapieren eine eindeutige Identifikation des Tieres möglich sein.

red Species, kurz CITES genannt. Die internationalen WAA-Papiere werden als CITES-Papiere bezeichnet.

Aber nicht nur der Handel, sondern auch die Zucht von Graupapageien ist gesetzlich geregelt. Deshalb sind für Graupapageien beim Erwerb und bei der Haltung zahlreiche Bewilligungen nötig. Versichern Sie sich immer vor dem Kauf eines Papageien, ob und wenn ja, unter welchen Bedingungen Sie das Tier überhaupt pflegen dürfen.

Bezüglich des Artenschutzes ist die jeweilige lokale Naturschutzbehörde Ihr erster Ansprechpartner. Für Auskünfte über die Veterinärbedingungen beim Erwerb und möglicher Haltungsbewilligungen ist Ihr Ansprechpartner der Amtstierarzt Ihres Bezirkes/Gemeinde. Die Adressen der obersten Artenschutzbehörden und der obersten Veterinärbehörden für die Länder Deutschland, Österreich und der Schweiz finden sich im Adressverzeichnis Seite 92.

Beachten Sie auch, dass ein gravierender Unterschied darin besteht, ob Sie das Tier von einem Händler oder Züchter innerhalb des Hoheitsgebietes der EU erwerben oder ob Sie den Vogel in einem Drittstaat (z. B. Schweiz, Tschechien etc.) kaufen und in die EU einführen.

Transport nach Hause

Natürlich können Sie einen Graupapagei auch kaufen, ohne ihn vorher gesehen zu haben und ihn mit dem Auto, der Bahn oder dem Flugzeug schicken lassen. In der Regel sucht man aber den neuen Hausgenossen selbst aus und bringt ihn möglichst auch selbst nach Hause.

Der Transport des Papageien erfolgt am besten in einer Kiste mit Sitzstange. Die Kiste soll so groß sein, dass der Papagei bequem aufrecht darin sitzen kann, ohne sich anzustoßen. Sie sollte aber so klein sein, dass er darin keine Flugversuche machen kann, bei denen er sich verletzen könnte. Achten Sie darauf, dass genügend Luftlöcher vorhanden sind. Die Kiste darf während des Transportes weder direkter Sonnenbestrahlung noch Zugluft ausgesetzt werden. Bei einer Reise von nur wenigen Stunden ist kein Futter notwendig. Dauert die Reise länger, genügen ein paar Körner und etwas Obst als Nahrung während des Transportes. Eine Wasserschüssel ist nicht notwendig – das Wasser würde während des Transportes verschüttet werden und das Obst deckt den Flüssigkeitsbedarf des Vogels für diese Zeit.

23

Haltung, Pflege und Ernährung

Um sich wohl zu fühlen, brauchen Graupapageien einen Artgenossen als Partner, eine ausgewogene Ernährung und eine reich strukturierte Umgebung, in der sie all ihre arttypischen Verhaltensweisen ohne Gefahr ausleben können.

Eingewöhnung

Um eine Beziehung zu einem Graupapageien aufzubauen, müssen Sie zunächst das Vertrauen des Vogels gewinnen. Dazu brauchen Sie Zeit, Ruhe, Geduld und Beharrlichkeit. Junge Graupapageien gewöhnen sich schneller an die neue Situation und werden schneller vertraut. Aber auch bei neu zugekauften erwachsenen Graupapageien gelingt dies mit viel Geduld und Einfühlungsvermögen. Durch die regelmäßige Anwesenheit bei der Fütterung und Säuberung der Voliere lernen die Vögel ihren Betreuer kennen, legen ihre anfängliche Scheu bald ab. Sprechen Sie immer mit Ihren Papageien, die vertraute Stimme wirkt beruhigend und wenn Sie regelmäßig einen Leckerbissen bei sich haben, werden die meisten Graupapageien wenigstens futterzahm und die dargebotenen Leckerbissen auch bald aus Ihrer Hand nehmen.

Wenn man schon einen Graupapageien hat und einen Partner dazu erworben hat, so wird der Neuankömmling in der Regel sehr viel rascher zutraulich. Zunächst muss aber der neu zugekaufte Vogel mindestens vier Wochen lang isoliert gepflegt werden, um eine eventuelle Krankheitsübertragung zu vermeiden. In der Isolations- oder sogenannten Quarantänezeit kann man den Vogel auch besser beobachten: frisst er gut, ist der Kot normal und anderes mehr.

Bevor man die Vögel zusammensetzt, ist ein Gesundheitscheck durch den Tierarzt, inklusive einer parasitologischen Kotuntersuchung, dringend anzuraten. Den Neuankömmling setzt man dann auch nicht sofort zum bereits eingewöhnten Papageien, sondern zunächst in Sichtkontakt – in einen anderen Käfig neben die Voliere. Beim Zusammengewöhnen kann es zu Aggressionen seitens eines Vogels kommen – meist verteidigt der angestammte Papagei sein Revier. Daher muss das Zusammensetzen immer unter Aufsicht geschehen. Am besten ist es, den angestammten Vogel zuerst für ein

TIPP

Ein handzahmer Papagei ist nicht gleichbedeutend mit einem auf den Menschen fehlgeprägten Vogel.

paar Tage aus der Voliere herauszunehmen und den Neuankömmling alleine in die Voliere zu setzen. So hat dieser die Möglichkeit, sich in Ruhe mit der neuen Umgebung vertraut zu machen und jener wird, durch die tagelange Abwesenheit verunsichert, „sein" Revier sicher nicht mehr mit derselben Vehemenz verteidigen.

Es ist ein weit verbreiteter Irrtum, dass nur einzeln gehaltene Graupapageien zahm werden können. Auch Vögel, die paarweise oder in Gruppen gepflegt werden, können dem Pfleger gegenüber zahm und zutraulich werden.

Von **Vertrautheit** spricht man dann, wenn der Vogel Angst, Misstrauen und Fluchtbereitschaft gegenüber dem Betreuer abgebaut hat. Die Vögel nähern sich ohne Scheu den Menschen und wenn sie ihm das Futter aus der Hand nehmen, werden sie als **futterzahm** bezeichnet. Wenn der Graupapagei sich darüber hinaus berühren und streicheln lässt, nennt man das **handzahm**.

Keineswegs wird ein Graupapagei nur dann zahm, wenn der Mensch zum Ersatzpartner wird. Es sollte sich daher nicht die Frage stellen: „Artgenosse" oder „menschlicher Kontaktpartner". Vögel, die frei wählen können, entscheiden sich oft für beides.

Oft heißt es auch, zahme Graupapageien verlieren ihre Zahmheit, wenn sie verpaart werden. Das kann natürlich möglich sein, denn der Papagei richtet seine ursprünglich fehlgeleitete Zuneigung nun an seinen Paarungspartner. Das heißt aber nicht, dass jeder Graupapagei, der mit einem Artgenossen vergesellschaftet wird, seine Vertrautheit verlieren und scheu werden muss. Auch das Sprechen muss er nicht einstellen, wenn er das als Einzelvogel getan hat; oft lernt es sogar der Partner von ihm.

Unterbringung

Soll der Graupapagei seine Unterkunft in der Wohnung im Käfig oder in einer Zimmervoliere erhalten, so soll der Käfig oder die Voliere an einem hellen, zugfreien Ort, trotzdem aber mit frischer Luft stehen. Schlechte Luft durch Zigarettenrauch oder Küchendünste kann auf Dauer zu schweren Gesundheitsschäden führen. Auch zu trockene

Luft schadet dem Graupapageien. Die Luftfeuchtigkeit sollte im Winter mindestens 60 % betragen.

Trotz Tageslichteinfall wird man oft auf zusätzliche Lichtquellen nicht verzichten können. Ein Mangel an UV-Licht kann zu gesundheitlichen Problemen bei Papageien führen. Empfehlenswert sind Lampen mit UV-Licht-Anteil. Biolux-Lampen, die eine hohe Übereinstimmung mit dem natürlichen Sonnenspektrum zeigen, eignen sich hier am besten. Sie sollten täglich zwölf Stunden für Beleuchtung sorgen. Diese Dauer sollte aber auch nicht überschritten werden, damit der natürliche Tag-Nacht-Rhythmus beibehalten wird, den die Tiere in ihrem Heimatgebiet nahe des Äquators haben.

Der Käfig

Ein Käfig für einen Graupapagei, auch wenn er darin nur einen Teil seines Tages verbringt, kann niemals zu groß, aber sehr leicht zu klein sein. Die Papageienkäfige, die im Handel angeboten werden, sind meist zu klein. Absolut ungeeignet sind auch Rundkäfige mit senkrechten Gitterstäben, die der Vogel nicht einmal zum Klettern nutzen kann und in denen die Graupapageien zu reinen Dekorationsgegenständen degradiert werden.

Käfige mit senkrechten Gitterstäben sind ungeeignet; waagrechte Stäbe oder ein Maschengeflecht können hingegen zum Klettern genutzt werden.

Das Käfiggitter sollte ein Maschengeflecht sein oder zumindest sollten die Gitterstäbe horizontal verlaufen, damit der Vogel beim Klettern Halt findet.
Beim Kauf des Käfigs ist zu beachten,
- dass die Türen groß genug sind und
- dass Halterungen für die Futter- und Wasserschüssel angebracht werden können.
- Als Bodenbelag nimmt man am besten Zeitungspapier, da es sich leicht täglich wechseln lässt.
- Vögel schauen gerne auf den Betrachter herunter und fühlen sich so auch sicherer. Der Käfig darf daher niemals direkt am Boden stehen, sondern sollte sich zumindest in Augenhöhe befinden.

Besonderes Augenmerk verlangen auch die **Sitzstangen**. Die Hartholzstangen müssen den richtigen Umfang haben, damit der Papageienfuß ihn gut umgreifen kann. Besser als gekaufte Hartholzstangen sind **Naturäste** in verschiedenen Stärken, die dem Vogelfuß Abwechslung bieten und die Fußmotorik fördern.

Auf Grund seiner Neugier wird der Graupapagei alle Gegenstände beknabbern und erkunden, die er findet. Ein Papagei unterscheidet nicht zwischen einem einzelnen Stück Holz und einem Möbelstück. Ein altes Telefonbuch wird Ihren Graupapagei von anderen Gegenständen ablenken – er wird viel Zeit damit verbringen, dieses in winzige Papierschnitzel zu verwandeln. Die müssen Sie zwar zusammenkehren, aber die Möbel bleiben heil. Auch ein Kletterbaum in der Wohnung kann den Graupapageien zumindest zeitweise von der Wohnungseinrichtung fernhalten.

■ Nicht als dauernde aber für die zeitweise Unterbringung ist ein solcher Käfig durchaus geeignet.

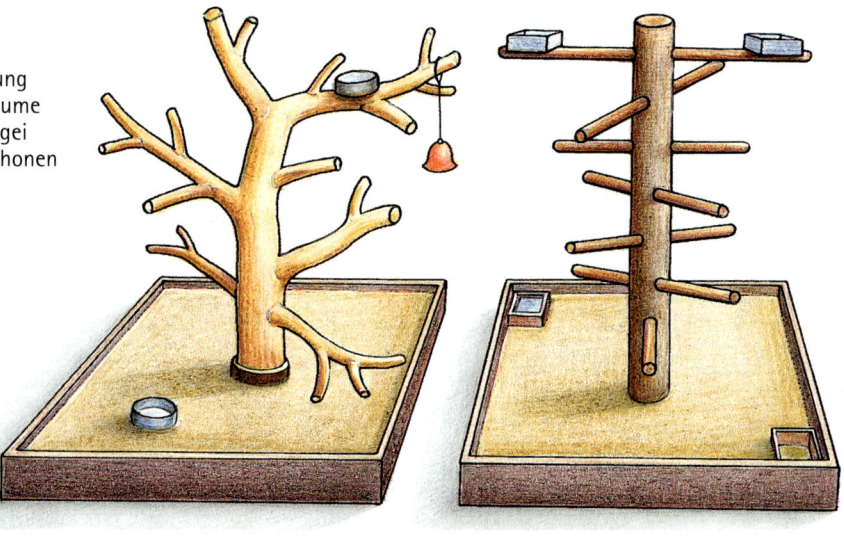

Frei in der Wohnung aufgestellte Kletterbäume bieten dem Graupapagei Beschäftigung und schonen Ihre Einrichtung.

Besonders ein selbst gebauter Kletterbaum aus einem Baumstamm und Naturästen, die immer wieder einmal erneuert werden, bietet viele Möglichkeiten und der Graupapagei ist so – ganz ohne Zwang – für längere Zeit an einen Platz gebunden.

Im Handel werden Freisitze mit einer Sitzstange aus Hartholz angeboten, die auch eine **Kette und einen Fußring** besitzen. Das Anketten eines Graupapageien ist jedoch ausgesprochene **Tierquälerei** und abzulehnen! Nicht nur ist der Papagei in seiner Bewegungsfreiheit extrem eingeschränkt, das Anketten führt auch immer wieder zu schweren Verletzungen, wie Verrenkungen und Knochenbrüchen an den Beinen.

Um den Graupapageien nach seinem Freiflug in der Wohnung jederzeit wieder in seinen Käfig bringen zu können, ist es sehr nützlich, ihm beizubringen, freiwillig auf einen hingehaltenen Stock zu steigen. Die meisten Graupapageien gehen nicht auf die Hand, aber mit einem Stock ist es trotzdem möglich, ihn wieder in den Käfig zu bringen, ohne ihn fangen zu müssen. Man führt dabei langsam und behutsam den Stock vor die Brust des Graupapageien und dann kurz vor seine Beine und bald wird er es lernen, auf den Stock zu steigen. Anfangs wird der Graupapagei vielleicht noch erschreckt wegfliegen, wenn der Stock samt ihm bewegt wird, aber die meisten Vögel gewöhnen sich sehr schnell an diese Prozedur.

Graupapageien, die im Käfig gepflegt werden, müssen täglich die Möglichkeit zum Freiflug in der Wohnung erhalten. Dieser darf nur unter Aufsicht statt finden. Die Gefahren für den Graupapageien beim Freiflug in den Wohnräumen sind groß, andererseits bezahlt man mit schlimmen Schäden an der Wohnungseinrichtung, wenn man den Vogel beim Freiflug nicht im Auge behält.

Die Zimmervoliere

Im deutschen Gutachten über Mindestanforderungen an die Haltung von Papageien werden als Mindestmaße für einen Papageienkäfig oder eine Voliere 2 × 1 × 1 m (Länge × Höhe × Tiefe) pro Paar vorgeschrieben. Für eine Zimmervoliere gilt auch hier: je größer desto besser.

Zimmervolieren werden im Handel als variabel zusammensetzbare Bauteile angeboten. Preisgünstiger ist es natürlich, die Voliere selbst zu bauen. Man verwendet hierzu Metallrahmen – eine Holzkonstruktion würde dem Nagebedürfnis der Graupapageien nicht lange standhalten. Als Volierengitter eignet sich punktgeschweißtes Drahtgeflecht. Die **Maschenweite** darf nur so groß sein, dass der Papagei seinen Kopf gerade nicht zwischen den Maschen durchstecken kann – Verletzungsgefahr!

Im Gegensatz zu Käfigen eignen sich große Zimmervolieren auch für eine dauerhafte Unterbringung von Graupapageien.

Graupapageien in kleinen Zimmervolieren oder Käfigen haben viel Zeit – auch dafür, sich mit dem Verschlussmechanismus der Volierentüren zu beschäftigen. Zur Sicherheit sollte daher ein festgeschraubter Verschluss oder ein Vorhängeschloss angebracht werden. Die **Sitzstangen** sollen aus hartem Naturholz bestehen, zum Beispiel Äste von Obstbäumen, Eichen, Buchen oder Haselnuss, von unterschiedlicher Dicke, damit sich die Vögel die für sie angenehmste Stärke selbst auswählen können.

Futter- und Wasserschüsseln müssen aus einem Material sein, das stabil ist und sich gut reinigen lässt. Neben Ton und Steingut haben sich hier Edelstahlgefäße bewährt. Achten Sie darauf, dass die Futter- und Wasserschüsseln so angebracht werden, dass sie vom Vogel nicht verunreinigt werden: also **niemals unter Sitzstangen**, wo Kot in die Schüsseln fallen kann.

Die Freivoliere

Wenn Sie einen Garten haben, dann sollten Sie Ihren Graupapageien wenigstens in den Sommermonaten eine Außenvoliere bieten. Die Voliere soll auf einem tief eingelassenen Betonsockel stehen, um Mäuse, Ratten und Raubzeug abzuhalten. Mäuse sind Überträger mancher Krankheiten und Ratten können Ihre Graupapageien sogar töten.

Der Boden der Voliere sollte betoniert sein. Den besten Schutz bietet ein, über einem Drahtgeflecht verstrichener Beton. Auch wenn der Naturboden belassen werden soll, kann ein darunter eingezogenes engmaschiges Drahtgitter die unerwünschten Eindringlinge fernhalten.

Ein Naturboden ist allein aus optischen Gründen ansprechender als ein reiner **Betonboden**, doch wegen der schlechteren Reinigungsmöglichkeit ist beim **Naturboden** die Gefahr größer, dass sich die Graupapageien mit Parasiten infizieren. Graupapageien halten sich allerdings normalerweise nur selten am Boden auf. Aber auch hier gibt es Ausnahmen: manche Graupapageien sind stundenlang damit beschäftigt, im zum Teil mit Gras bewachsenen Naturboden zu buddeln, zu scharren und ab und zu von der Erde zu naschen. Natürlich ist hier die Möglichkeit eher gegeben, dass die Graupapageien dabei auch einmal Wurmeier vom Boden mit aufnehmen können. Die herrliche zusätzliche Beschäftigung für die Vögel rechtfertigt aber dieses Risiko zweifellos. Durch regelmäßige Kotuntersuchungen kann die Gefahr eines Parasitenbefalls verringert werden.

Das Grundgerüst der Voliere wird am besten aus Metallrohren oder Winkeleisen gebaut. Bespannt wird dieses Gerüst mit einem formstabilen, verzinkten, punktverschweißten Maschendraht. Günstig ist dabei eine Maschenweite von 25 × 13 mm. Die Flugraumhöhe der Voliere soll mindestens zwei, besser drei Meter betragen. Für die Grundfläche gilt selbstverständlich ebenso: je größer desto besser. Eine Länge von 2 bis 3 m und eine Tiefe von 2 m sollte auf jeden Fall nicht unterschritten werden.

Die Papageien müssen sich in ihrer Umgebung auch sicher fühlen und sich zurückziehen können, daher sollen ein bis zwei Seiten durch

Die ideale Unterbringung für Graupapageien ist eine kombinierte Anlage mit Schutzhaus und Freivoliere.

eine feste Wand vor Einblicken geschützt sein. Ein Teil der Voliere muss überdacht sein, um die Graupapageien vor der Witterung, aber auch zu starker Sonnenbestrahlung zu schützen.

Entsprechend dem Bewegungsbedürfnis der Graupapageien soll die **Innenausstattung** der Voliere aus zahlreichen Sitz- und Klettereinheiten bestehen. Dabei soll die Bewegungsfreiheit aber nicht durch zu viele Einrichtungsgegenstände zu sehr eingeschränkt sein. Genügend freier Raum für kurze Flugstrecken sollte immer noch zur Verfügung stehen.

Viele Graupapageien nutzen Regenfälle zu ausgiebigem Badeverhalten, trotzdem ist eine künstliche Badegelegenheit in Form eines flachen Badebeckens oder auch eine Berieselungsanlage von Vorteil.

Sollen die Graupapageien ganzjährig in der Freivoliere leben, so ist ein an die Außenvoliere anschließender gemauerter Schutzraum nötig. Ein Fenster oder eine Reihe von Glasbausteinen sorgen darin für Tageslicht, trotzdem muss eine zusätzliche Lichtquelle im Innenraum vorhanden sein, um die Tageslänge im Winter auf 12 Stunden verlängern zu können und den Vögeln genügend Zeit für die Nahrungsaufnahme zu geben. Gerade bei kälteren Temperaturen im Winter ist durch den höheren Energieumsatz eine ausreichende Nahrungszufuhr wichtig.

Das Dach soll wärmedämmend sein, damit im Winter eine starke Abkühlung und im Sommer eine Überhitzung vermieden werden. Die

■ Bei Reihenvolieren, in denen unterschiedliche Papageienarten untergebracht sind, müssen die Zwischenwände so gestaltet sein, dass unverträgliche Vögel sich nicht durch das Gitter verletzen können.

Das Scharren und Graben in naturbelassenen, gewachsenen Böden bereitet vielen Graupapageien großes Vergnügen.

Temperatur im Schutzraum darf auch in den kalten Wintermonaten nicht unter 10 °C fallen. Er muss leicht zu betreten und zu reinigen sein und auch ein gesundes Raumklima besitzen. Zur Vereinfachung der Reinigung kann der Innenraum auch gefliest sein. Wichtig ist, dass der betonierte oder gekachelte Boden schräg verläuft und am tiefsten Punkt einen Abfluss hat, damit bei einer Generalreinigung der Raum auch ausgespritzt werden kann. Sonst eignet sich als Einstreu für den Boden auch trockener Sand, von dem die Futter- und Kotreste täglich leicht entfernt werden können.

Die Einrichtung des Schutzraums besteht aus Sitzstangen, die in der oberen Hälfte der Voliere angebracht werden, Futterbretter für die Futter- und Wasserschüsseln und Nistgelegenheiten.

Als Zugang für die Graupapageien von der Außenvoliere zum Schutzraum sollte eine rechteckige Aussparung in der Vorderwand des Schutzraums eingebaut sein. Innen und außen sollten Ansitzbretter montiert sein. Die Flugöffnung muss im oberen Drittel der Voliere liegen, in der Höhe der Sitzstangen der Außenvoliere. Beim Anbringen der Sitzstangen – das gilt für den Schutzraum und für die Außenvoliere – ist zu bedenken, dass alle Papageien am liebsten auf der höchsten Sitzstange schlafen. Daher müssen bei Gruppenhaltung, aber auch schon bei einem Graupapageien-Paar mehrere Sitzplätze in gleicher Höhe vorhanden sein, damit es nicht zu Streitigkeiten unter den Vögeln kommt.

Schutz vor Gefahren

Der Freiflug in der Wohnung birgt vor allem für junge und unerfahrene Vögel viele Gefahren. Manche Gefahrenquellen kann man zwar ausschalten, bevor man dem Graupapageien einen Ausflug in der Wohnung gewährt, trotzdem sollte man die Vögel grundsätzlich dabei beaufsichtigen.

Zuallererst muss dafür gesorgt werden, dass Fenster und Balkontüren verschlossen und vor allem bei den ersten Ausflügen durch Vorhänge verdeckt sind. Anfangs erkennen Graupapageien Fensterscheiben noch nicht als Raumbegrenzung, sie prallen dagegen und können

34

sich dabei schwer verletzen. Auch **gekippte Fenster** müssen geschlossen werden. Ihr Graupapagei würde mit Sicherheit die Öffnung zum Durchschlüpfen finden und wegfliegen.

Graupapageien sitzen am liebsten an erhöhten Stellen, auch auf den oberen **Türkanten** oder auf offenen Schranktüren, wo sie den ganzen Raum überblicken können. Hier passieren oft Unfälle, wenn Türen schnell geschlossen oder zugeschlagen werden. Gequetschte, oft sogar gebrochene Zehen oder Beine des Graupapageien sind dann das Ergebnis Ihrer Unachtsamkeit. Seien Sie daher besonders vorsichtig beim Schließen einer Türe und schauen Sie nach, ob Ihr Graupapagei nicht gerade darauf sitzt.

In der **Küche** sind heiße Herdplatten und kochende Flüssigkeiten ernste Gefahrenquellen. Verbrennungen an den Füßen der Papageien kommen gar nicht so selten vor.

Eine magische Anziehungskraft scheinen **Stromkabel** auf die Graupapageien zu haben. Da sie alles beknabbern, was ihnen interessant erscheint, können sie beim Benagen oder Durchbeißen eines Stromkabels einem Stromschlag erliegen. Ziehen Sie vorsichtshalber vor jedem Freiflug alle Stecker aus den Steckdosen.

Viele **Zimmerpflanzen** können bei Vögeln Vergiftungen hervorrufen, mit Symptomen von Übelkeit und Erbrechen bis hin zu lebensgefährlichen Situationen, manchmal mit Todesfolge. Sorgen Sie dafür, dass Ihr Graupapagei keine Gelegenheit hat, an solche Pflanzen heranzukommen. Am besten, Sie verzichten ganz auf giftige Pflanzen in Ihrer Wohnung.

Auch andere Gegenstände in Ihrer Wohnung können **Gifte** enthalten und mehr oder weniger starke Vergiftungen bei Ihrem Graupapageien hervorrufen. Das beginnt bei so alltäglichen Dingen wie Kugelschreibern, Bleistiften, Bleibändern von Vorhängen, Alkohol und Zigaretten – ein Graupapagei kann an Nikotinvergiftung sterben – und endet bei hochgiftigen Putz- und Pflanzenschutzmitteln. Die wenigen Beispiele sollen Ihnen zeigen,

Graupapageien sitzen gerne auf offenen Türen, daher: Aufpassen beim Schließen von Türen und Schränken!

Zimmerpflanzen, die Vergiftungserscheinungen hervorrufen können:

- Azaleen
- Calla
- Christusdorn
- Dieffenbachia
- Erikagewächse
- Euphorbien
- Flamingoblume
- Hyazinthen
- Oleander
- Philodendron
- Rhododendron
- Weihnachtsstern
- Wolfsmilchgewächse
- Zimmerfarn

dass es sehr viele, auch versteckte Gefahrenquellen im Haushalt gibt, die sich nie alle völlig ausschalten lassen. Denken Sie bei jedem Freiflug Ihres Graupapageien in der Wohnung daran!

Freiflug draußen – ein kalkulierbares Risiko?

Versuche, Graupapageien draußen völlig frei fliegen zu lassen hat es immer wieder gegeben. Schon im 19. Jahrhundert ließ der Gutsbesitzer Buxton verschiedene Papageien frei fliegen, unter anderem auch Graupapageien. Den Winter verbrachten sie in einem Schutzhaus. Ganzjähriger Freiflug ist beim Graupapageien auf Grund der klimatischen Verhältnisse in Mitteleuropa sowieso nicht möglich.

Jost Höpker berichtet 1990 in der Zeitschrift „Die Gefiederte Welt" von seinen Erfahrungen nach einem Jahr Freiflug seines Graupapageien. Bei diesem Graupapageien mit Namen Cora handelte es sich um einen sehr zutraulichen Jungvogel, der noch nicht geschlechtsreif war. Die Ausflüge beschränkten sich zunächst auf die benachbarten Obstgärten, jeden Abend wurde der Vogel mit Geduld und Überredungskünsten nach Hause geholt. Nach einem halben Jahr wurden die Ausflüge auf ein nahe gelegenes Waldstück und schließlich auf das benachbarte Dorf ausgedehnt. Dabei zeigte sich, dass Cora einen schlechten Orientierungssinn hatte und alleine nicht nach Hause fand. Erst nach einem dreiviertel Jahr Freiflug wurde sie nicht mehr täglich nach Hause geholt, sondern fand den Weg auch alleine. Sie verbrachte ihre Zeit teils im Freien, teils bei Jost Höpker oder um das Haus oder im Haus – dort vorzugsweise auf seiner Schulter. So schön dies klingt, zur Nachahmung ist diese Form der Haltung nicht zu empfehlen.

Freiflug bei Graupapageien ist nur in den allerwenigsten Fällen und nur unter ganz bestimmten Bedingungen möglich. Viel häufiger hört und liest man von entflogenen Graupapageien, die nicht von selbst nach Hause zurückfinden, oft auch nicht wollen und nur mühsam wieder eingefangen werden können. Graupapageien sind in unseren Breiten für einen Freiflug nicht geeignet. Die Gefahren und Risiken sind viel zu groß. Und ob diese Art von Freiflug bei Herrn Höpker auch noch in den folgenden Jahren, besonders nachdem Cora geschlechtsreif wurde, funktioniert hat, ist nicht bekannt.

Auch ein Kugelschreiber wird auf seine Fressbarkeit untersucht.

Regelmäßige Reinigungsarbeiten

Eine wesentliche Gesundheitsvorsorge für Ihre Graupapageien ist die sorgfältige regelmäßige und richtige Reinigung der Volieren und aller Gebrauchsgegenstände:

- Futter- und Wasserschüsseln müssen täglich gereinigt werden. Die Sitzstangen müssen von Zeit zu Zeit mit einer Bürste abgeschrubbt und von eventuellen Futter- und Kotresten befreit werden.
- Auch der Käfigboden oder der Boden des Schutzhauses sind täglich zu reinigen und Kot und Futterreste zu entfernen.
  Wenn man als Einstreu trockenen Sand verwendet, so muss dieser mindestens einmal, besser zweimal jährlich komplett ausgetauscht werden. Bei dieser Gelegenheit wird die gesamte Voliere nach einer gründlichen Vorreinigung desinfiziert. Erkundigen Sie sich, welche Reinigungs- und Desinfektionsmittel für Vögel weniger schädlich sind.

> **TIPP** Vergessen Sie nicht, nach der Desinfektion alles gründlich mit Wasser abzuspülen.

■ Futter- und Wasserschüsseln aus Edelstahl sind stabil und besonders leicht zu reinigen.

Das tägliche Bad

Alle Vögel baden gerne, auch die Graupapageien. Dabei wird Federstaub abgewaschen, das Gefieder bleibt funktionstüchtig. Ohne Bad werden die Federn, besonders in geheizten Innenräumen, schnell trocken und anfällig für Parasiten. Das Gefieder juckt und das kann im schlimmsten Fall auch zum Federrupfen führen. Graupapageien kommen aus tropischen Gebieten mit hoher Luftfeuchtigkeit, wo alleine der morgendliche Tau schon wie eine Dusche wirken kann. Um das Federkleid gesund zu erhalten, braucht der Graupapagei regelmäßig sein Bad oder seine Dusche.

Bieten Sie Ihren Vögeln daher eine Bademöglichkeit – getrennt von der Wasserschüssel – auch wenn sie diese, wenn sie es nicht gewöhnt

37

sind, nicht gleich annehmen oder wenn sie sogar wasserscheu sind. Die Badeschüssel muss flach, der Boden rutschfest sein. Gewöhnen Sie die Vögel behutsam an ein Bad, beispielsweise durch eine sanfte Dusche mit lauwarmem Wasser aus einer Pflanzenspritze. Richten Sie den Wasserstrahl zunächst nicht direkt auf den Papageien, sondern knapp darüber, so dass die Tropfen von oben auf den Vogel herabregnen. Die meisten Graupapageien bevorzugen die Dusche gegenüber dem Bad in einem Badebecken oder einer Wasserschüssel. Auch in der Natur setzen sich

■ Nur wenige Papageien nehmen richtige Vollbäder wie dieser Graupapagei, der gerade in einer Duschwanne seinen Spaß hat.

die Graupapageien gerne den heftigen tropischen Regengüssen aus. In der Freivoliere werden die Papageien bald von sich aus bei warmen Regen eine Regenbad nehmen.

Spiel und Beschäftigung

Gute Unterbringung, ausgewogene Ernährung, sorgfältige Hygiene und wenn nötig, auch eine medizinische Betreuung sind die Grundvoraussetzungen für eine gute Haltung von Graupapageien. Für eine artgerechte Haltung ist das aber noch nicht genug! Auch die richtige soziale Zusammenstellung, also paarweise Haltung oder eine Haltung in Gruppen sind für das psychische Wohlbefinden Ihres Papageien unerlässlich. Wenn alle diese Bedingungen erfüllt sind, kann es dann trotzdem sein, dass dem Graupapagei noch was fehlt? Ja – und das kommt gar nicht so selten vor: es fehlt ihm an Beschäftigung.

Langeweile ist eine der häufigsten Ursachen für Verhaltensstörungen bei diesen Vögeln. Wenn der Graupapagei den Großteil des Tages oder gar den ganzen Tag in einem Käfig oder in einer kaum strukturierten Voliere sitzt und nichts zu tun hat, als auf sein Futter zu warten, muss er zwangsläufig neurotisch werden. Bei paarweiser oder Gruppenhaltung ist diese Gefahr geringer: durch vielfältige Sozialkontakte, angefangen von einfachen Blickkontakten über gegenseitige Gefiederpflege, innerartliche Auseinandersetzungen bis hin zum Fortpflanzungsverhalten mit Balz, Brut und Jungenaufzucht, gibt es ständig Ablenkung. Trotzdem sind auch hier viele Verhaltensweisen im Vergleich zum Freiland eingeschränkt.

Im Freiland verbringen Graupapageien täglich mehrere Stunden mit der Suche nach Nahrung und mit der Nahrungsaufnahme. In

Menschenobhut, wo einmal am Tag eine volle Futterschüssel angeboten wird, ist diese Zeit dagegen minimal. Um Ihren Graupapageien also wirklich ein erfülltes und abwechslungsreiches Leben zu ermöglichen, sollen nicht nur deren Grundbedürfnisse gestillt werden, der Graupapagei soll jeden Tag neu gefordert werden, aus seinem reichhaltigen Verhaltensrepertoire zu schöpfen und die natürlichen Verhaltensweisen, die er besitzt, nicht verkümmern zu lassen. Langeweile kann dann gar nicht erst aufkommen.

Futterangebot und Futterpräsentation

Besser als einmal täglich einen vollen Futternapf hinzustellen ist es, kleinere Futterrationen mehrmals täglich, möglichst auch auch an wechselnden Stellen anzubieten. So ist der Graupapagei wesentlich länger mit der Nahrungsaufnahme beschäftigt. Auch die Form der Darbietung der einzelnen Nahrungsbestandteile kann variiert werden und so wiederum zur Beschäftigung der Graupapageien beitragen. Die Vögel sollen sich mit dem Futter vor dem Verzehr Mühe machen müssen. Obst und Gemüse braucht nicht immer in klein geschnittener Form gereicht werden. Mit an speziellen Halterungen aufgespießten, halben Äpfeln, Birnen oder Apfelsinen hat der Graupapagei jedenfalls länger zu tun. Auch ein Stück Kokosnuss samt Schale kann den Graupapageien eine ganze Weile beschäftigen. Halbreife Maiskolben, bei allen Graupapageien sehr beliebt, können im Ganzen angeboten werden. Halb geschlossene Zapfen von Tannen, Fichten, Lärchen oder Kiefern werden als Spiel- und Knabbergegenstände gerne angenommen. Die Vögel können sich stundenlang damit beschäftigen, an die begehrten Samen zu kommen und sind nebenbei noch mit hochwertigem Futter versorgt.

So kann man zum Beispiel am Volierendach oder an der Außenseite des Volierengitters Leckerbissen anbringen, die sich der Graupapagei kletternd und mit Hilfe seines Schnabels erarbeiten muss. Das regelmäßige Angebot frischer Zweige von geeigneten Gehölzen (siehe Seite 50) animieren die Graupapageien oft stundenlang zum Beknabbern, Benagen und Entrinden.

Ein Bund Getreide mit milchreifen Samen, Grasrispen, ein Kräuterbüschel oder ein Zweig mit Eberescheenbeeren

> **TIPP**
> Futter, an exponierten Stellen angebracht, animiert zum Rupfen und Zupfen, Klettern und Turnen. Das tut nicht nur dem Gemüt des Graupapageien gut, weil natürliche Verhaltensweisen gefördert werden, sondern sorgt auch für Fitness.

Aufgespießte halbe oder ganze Früchte in der Voliere verteilt motivieren den Graupapageien sich länger mit der Nahrungsaufnahme zu beschäftigen.

■ Es gibt unzählige
Möglichkeiten wie
Futtermittel dargeboten
werden können, um
Abwechslung in das
Leben eines Grau-
papageien zu bringen.

oder Hagebutten eignen sich besonders gut dazu, an schwer erreich-
baren Stellen angebracht zu werden. Der Graupapagei wird sich lange
damit beschäftigen, die Beeren oder die Getreidesamen mit Schnabel
und Füßen Stück für Stück durch das Gitter zu ziehen. Futter aus der
Natur bietet Abwechslung im Speiseplan und mit dieser Form der
Präsentation auch jede Menge Beschäftigung.

TIPP
　　　Gutes Papageienspielzeug
ist relativ teuer. Hüten Sie sich trotzdem vor Billigprodukten! Meist halten
diese nicht sehr lange, vor allem aber
kann mangelhaftes Spielzeug für den
Graupapageien gefährlich werden.
Scharfe Kanten, an denen er sich verletzen, fasernde Seile, in denen er sich
verheddern oder kleine Verzierungen,
die er verschlucken kann, sind nur
einige der Eigenschaften, auf die Sie
beim Kauf eines Spielzeuges achten
müssen.

Spiel

Papageien sind intelligent, neugierig und lebhaft.
Und sie spielen gerne! Lange Zeit hat man geglaubt,
dass Spielverhalten bei Vögeln – im Gegensatz zu
den Säugetieren – zu den großen Ausnahmen zählt.
Bekannt war in erster Linie das Spielverhalten von
Krähenvögeln, wie Dohlen oder Kolkraben. Heute
weiß man, dass Spielverhalten auch bei Vögeln
ganz unterschiedlicher Verwandtschaftsgruppen
vorkommt.
　　Gegenstände, die auf vielfältigste Weise in Bewegung versetzt werden können, Bälle, die gerollt,
Holzklötze oder bunte Kunststoffstücke, die hoch
gehoben und wieder fallen gelassen werden,
geschoben, gezogen oder vergraben werden können,
animieren das Spiel- und Erkundungsverhalten von Papageien. Der
Phantasie des Halters sind da keine Grenzen gesetzt. Natürlich muss
darauf geachtet werden, dass die Gegenstände keine schädlichen
Farbstoffe, Lacke oder andere Giftstoffe enthalten, dass sie nicht zer-

splittern, keine scharfen Kanten haben, kurz: dass sich der Papagei nicht daran verletzen kann. Die Objekte dürfen auch nicht zu klein sein, so dass sie vom Vogel verschluckt werden könnten.

Papageien zerreißen und zerkleinern gerne. Diese Fähigkeit brauchen sie im Freiland zum Nahrungserwerb und zum Ausbau und Auskleiden der Bruthöhle. Besonders lange und intensiv beschäftigen sich Graupapageien daher mit Dingen die sie zerlegen können. Neben frischen Zweigen können es Papprollen, Kartons oder auch dicke alte Telefonbücher oder Kataloge sein. Lassen Sie sich also etwas einfallen!

Graupapageien lieben auch Bewegungsspiele. Dabei führen sie allerlei akrobatische Kunststücke auf wie sich von einer Stange zu stürzen und kopfüber hängen zu bleiben. Fördern Sie dies mit Seilen, Ketten und Schaukeln, die Sie so anbringen, dass die Papageien schwingen und turnen können.

Auch soziale Spiele kann man bei Graupapageien beobachten. Wenn man zwei Graupapageien miteinander raufen sieht, handelt es sich nicht immer um eine ernsthafte Auseinandersetzung. Spielerische Verfolgungsjagden gehören genauso zum sozialen Spiel wie regelrechte Balgereien – vor allem bei jungen Graupapageien. Oft legt sich dabei ein Partner sogar auf den Rücken. Das ist eine Körperhaltung, die bei Vögeln nur selten zu sehen ist.

Der Handel bietet eine Vielzahl von sehr guten Papageienspielzeugen an. Meist sind das Gebilde aus farbigen Hölzern, Rohlederstückchen, Acryl, Stahlketten und Hanf- oder Baumwollseilen. Die Spielzeuge sind farbig, die einzelnen Teile groß, so dass sie der Graupapagei nicht verschlucken kann – viele davon sind bewusst zerstörbar gemacht. Stunden- und Tagelang kann sich der Graupapagei mit solch einem Spielzeug beschäftigen: er zerkrümelt die Holzteile, zerkaut Leder und Baumwolle und zerlegt die Spielzeugkombinationen in ihre Einzelteile.

Farbige Holzteile dürfen nur mit Lebensmittelfarbe eingefärbt und nicht mit giftigen Holzschutzmitteln behandelt sein. Die Verbindungen der Spielzeugteile müssen so gearbeitet sein, dass sich der Papagei dabei nicht die Füße oder den Schnabel einklemmen kann, Acrylringe müssen so groß sein, dass der Kopf des Vogels bequem durch passt oder so klein, dass der Graupapagei den Kopf nicht durchste-

> **TIPP** Überfordern Sie einen Graupapageien damit nicht! Durch ihr natürliches Misstrauen und ihre Furcht muss man den Papageien vorsichtig mit den neuen Gegenständen vertraut machen. Eine Möglichkeit besteht darin, diese Dinge zunächst außen am Käfig oder Volierengitter anzubringen, damit sie die Graupapageien aus sicherer Distanz beobachten und kennen lernen können. Meist werden sie bald neugierig genug sein und von sich aus versuchen, an das neue Objekt heranzukommen.

Ein Spaziergang auf der Wiese ist für den Graupapageien ein ganz besonderes Erlebnis.

41

■ Gönnen Sie Ihrem Graupapageien zur Abwechslung auch einmal eines dieser bunten, eigens für Papageien hergestellten Spielzeuge.

cken kann und stecken bleiben könnte. Ungefährlicher und preisgünstiger als käufliches Spielzeug sind Gegenstände, die essbar sind oder Materialien, die man sowieso meist im Haushalt hat wie Kartons oder Papprollen von Haushaltstüchern. Wenn Sie einen Hund zu Hause haben, zweigen Sie ab und zu eine Knabberstange oder einen Kauknochen für Ihre Graupapageien ab.

Graupapageien, die nie die Möglichkeit zur Beschäftigung mit verschiedensten Gegenständen, auch mit Futterbestandteilen, gehabt haben müssen die „Handhabung" und auch das Spielen erst langsam erlernen.

Wichtig ist auch, immer nur ein Spielzeug oder einen neuen Gegenstand einzubringen. Sonst kann es zu Reizüberflutung und damit zu enormem Stress für das Tier kommen. Damit bewirkt man das Gegenteil von dem, was man beabsichtigt hatte. Besonders Hand aufgezogene Papageien oder Wohnungspapageien, die lange einzeln gepflegt wurden, sind oft sehr fixiert auf eine tägliche Routine im Tagesablauf und geraten bei der geringsten Änderung in ihrer Umgebung in Stress. Hier muss man besonders behutsam und langsam vorgehen.

Das Futter – auf die Vielfalt kommt es an

Viele Graupapageien werden sehr einseitig ernährt und müssen ihren Lebensunterhalt nur mit der ihnen angebotenen Papageien-Körnermischung aus der Tierhandlung bestreiten. Und davon fressen sie oft auch nur einzelne Körnerarten heraus. Nicht nur, dass diese einseitige Ernährungsweise zwangsläufig mit Langeweile verbunden ist, im Laufe der Zeit sind gesundheitliche Schäden vorprogrammiert. Wie alle Vögel sollen auch Graupapageien so abwechslungsreich und vielfältig wie möglich gefüttert werden. Im Futterplan sollten die verschiedensten Sorten von Füchten ebenso enthalten sein wie Gemüse, Grünfutter und gequollene oder gekeimte Körner. Sämereien oder Pellets, Keimfutter, Frischfutter und Wasser müssen immer in verschiedenen, eigenen Schüsseln angeboten werden und selbstverständlich müssen diese täglich vor dem neu Befüllen gründlich gereinigt werden.

Gekochten Reis, Nudeln und gekochtes Gemüse, trockenes Brot und Biskuit darf der Papagei – in kleinen Mengen – von der Speisekarte des Besitzers mitnaschen, ohne dass er dabei Schaden nimmt.

Körner, Feuchtfutter und Wasser müssen immer in separaten Schüsseln angeboten werden.

Die Grundnahrung

Für die Grundnahrung bietet der Markt eine kaum überschaubare Vielfalt an Körnermischungen und pelletiertem Futter an. Bei den Körnermischungen gibt es große Unterschiede in der Zusammensetzung.

Besonders fettreich sind **Sonnenblumenkerne**, **Kürbiskerne** und **Nüsse**, sie sollten in der Mischung nur in kleinen Mengen vorhanden sein.

Kardisamen ähneln in der Form den Sonnenblumenkernen, gehören aber einer ganz anderen Pflanzenfamilie an, nämlich den Disteln. Sie sind weniger fettreich und können daher in größerer Menge angeboten werden, ebenso wie der **Buchweizen**, der fettarm, aber reich an Kohlenhydraten und Stärke ist. **Hanfsamen** enthalten relativ viel hochwertiges Eiweiß, sind reich an ungesättigten Fettsäuren, Calcium

Reste vom Mittagstisch der Familie sind für den Graupapageien als Nahrung nicht geeignet, meist sogar gesundheitsschädlich! Unbedingt verboten sind stark gewürzte und fettreiche Speisen wie Wurst, Käse oder Mehlspeisen.

43

Folgende Samen sind meist in Körnermischungen für Pagageien enthalten

- Sonnenblumenkerne
- Nackthafer oder geschälter Hafer
- Weizen
- Kürbiskerne
- Geschälte Erdnüsse
- Zirbelnüsse
- Kardisamen
- Buchweizen
- Paddy Reis (ungeschälter Reis)
- Glanz
- Hirse
- Hanf

und Phosphor, aber auch der Fettgehalt ist sehr hoch. Hanf darf nur rationiert beigegeben werden. **Hafer** ist ein sehr energiereiches Getreide und daher für Jungvögel sehr gut geeignet. Beim erwachsenen Vogel führen zu große Mengen davon leicht zur Verfettung.

Weizen hat einen relativ hohen Eiweißgehalt und auch der Gehalt an Vitamin B, E und dem Provitamin A ist hoch. Unter den Mineralien ist Schwefel im Weizen reichlich vorhanden. Da der Vogel besonders bei der bei Federbildung einen hohen Bedarf an in Aminosäuren organisch gebundenem Schwefel hat, stellt Weizen ein gesundes Futter während der Mauser dar.

Einzelne Vögel zeigen starke Vorlieben für bestimmte Futterbestandteile. Das darf aber niemals dazu führen, den Graupapageien nur noch diese Samen anzubieten. Es kann lange dauern, einen Graupapageien auf eine vernünftige, artgerechte Nahrung umzustellen, wenn er sich einmal auf wenige Futterbestandteile versteift hat. Je abwechslungsreicher man also von Anfang an füttert und je mehr Futterkomponenten der Graupapagei früh kennen lernt, desto eher wird er auch das unterschiedlichste Futter annehmen und Neues probieren.

Mindestens so wichtig wie die Zusammensetzung der Körnermischung ist deren **Qualität**. Achten Sie zunächst auf das Verpackungsdatum, das Futter sollte nicht länger als ein halbes Jahr gelagert werden. Es ist für den Graupapageien lebenswichtig, dass Sie auf die Frische des Futters achten. Altes Futter erkennen Sie am **ranzigen Geruch**. Wenn Sie unsicher sind, ob das Futter frisch ist, entfernen Sie bei Nüssen oder Sonnenblumenkernen die Schale und kosten die Kerne, der ranzige Geschmack verrät auch hier, dass die Samen bereits überlagert sind. Sie dürfen nicht mehr verfüttert werden.

Ebenso darf niemals **verschimmeltes Futter** angeboten werden. Eine Schimmelbildung ist meist eindeutig durch weiße oder grünliche Pilzsporen zu erkennen, aber nicht immer – Erdnüsse sind besonders häufig und mit bloßem Auge nicht sichtbar mit Schimmelpilzen verunreinigt. Bei ihnen ist besondere Vorsicht geboten. In der Körnermischung sind die Erdnüsse oft überlagert, es ist also besser,

TIPP

So überprüfen Sie die Frische von Körnern:
Nehmen Sie eine Handvoll Körner aus der Packung und machen Sie mit diesen eine Keimprobe (siehe Keimfutter). Je nach Samenart dauert es ein bis drei Tage, bis der Keimling sichtbar ist. Wenn weniger als 60 % der Körner auskeimen, ist das Futter für Ihren Graupapageien nicht mehr geeignet.

diese frisch zu kaufen. Kosten Sie die Erdnüsse, bevor Sie sie verfüttern. Eine überlagerte oder verdorbene Erdnuss schmeckt ranzig. Im Zweifelsfalle besser auf Erdnüsse ganz verzichten!

Eine mit **Mehlmotten** verunreinigte Körnermischung erkennen Sie durch zusammengeklumpte Körner und feinste Fäden, die eine solche Körnermischung durchziehen. Solch verunreinigtes Futter muss weggeworfen werden.

Körnerfutter muss möglichst kühl und trocken gelagert werden, am besten im Kühlschrank. Bei einer Lagerung im Keller oder im Gartenhaus verhindern große Plastikbehälter mit Deckel, dass Mäuse an das Futter gelangen und dieses mit ihrem Kot und Urin verschmutzen – auch solch verunreinigtes Futter hat in der Futterschüssel der Graupapageien nichts mehr verloren. **Nagerkot** gilt als Überträger gefährlicher Infektionskrankheiten.

Bei falscher, feucht-warmer Lagerung der Samenmischung können sich **Milben** gut entwickeln. Milben im Futter sind mit bloßem Auge als winzige, bewegliche Punkte zu erkennen – das Futter muss vernichtet werden.

Achten Sie auch darauf, dass die Samenmischung möglichst **staubfrei** ist. Wenn Sie eine Hand voll der Mischung aus der Verpackung nehmen und in ein Gefäß geben, soll kein Staub auf der Hand zurück bleiben. Qualitativ hochwertige Körnermischungen werden schon beim Verpacken mehrfach entstaubt.

Seit einiger Zeit ist auch pelletiertes Futter für Papageien auf dem Markt. **Pellets** sind fein zerriebene Nahrungsbestandteile, die unter Hitze gepresst und konserviert werden. Sie enthalten, Kohlenhydrate,

Diesen beiden Timneh-Graupapageien scheint die Körnermischung zu schmecken.

45

Die Auswahl der Körnermischungen und Pellets ist groß, achten Sie aber ganz besonders auf die Qualität!

Fett, Proteine, Vitamine und Mineralstoffe in einer ausgewogenen Zusammensetzung.

Die Fütterung von Pellets empfiehlt sich bei Graupapageien, die sich aus einer Körnermischung nur ganz bestimmte Sämereien heraussuchen und sich dadurch sehr einseitig ernähren. Die Umgewöhnung von den gewohnten Samen auf Pellets ist jedoch nicht ganz einfach und soll wie jede Futterumstellung langsam Schritt für Schritt erfolgen. Graupapageien sind konservativ. Die Pellets sollten also anfangs in einer eigenen Futterschüssel zusätzlich zum gewohnten Futter angeboten werden. Dann wird die Menge der gewohnten Samen täglich mehr und mehr reduziert. Man kann nach einer gewissen Zeit auch vormittags nur Pellets anbieten und erst am späten Nachmittag das gewohnte Futter dazustellen. Die Umstellung wird verschieden lange dauern, manche Papageien fressen die Pellets schon nach wenigen Tagen, andere brauchen dazu Wochen.

Zu beachten ist, dass weder eine handelsübliche Sämereienmischung noch Pellets als „Alleinfutter" gedacht sind. Die reine Fütterung mit einer auch noch so vielfältigen Körnermischung wird die Versorgung mit den notwendigen Vitaminen und Mineralstoffen niemals gewährleisten können. Pellets sind als Basisfutter zwar besser geeignet als Körner, jedoch ist das Fressen der Pellets für die Vögel monoton und langweilig. Obst, Gemüse, Grünfutter und frische Zweige zum Beknabbern sind daneben schon alleine als Beschäftigungsfutter unbedingt nötig.

> ## Wichtig
>
> Überlagerte, ranzige Samen führen nicht nur zu Verdauungsstörungen, sondern können auch schwere Leberschäden verursachen.

Keimfutter

Keimfutter ist für Papageien leicht verdaulich, reich an Vitaminen und daher ein besonders wertvoller Futterbestandteil. Auch in freier Natur frisst der Graupapagei nicht nur ausgereifte Samen, sondern auch solche in halbreifem oder angekeimtem Zustand. Während des Keimprozesses kommt es im Korn zu wichtigen Veränderungen in der Zusammensetzung. So werden zum Beispiel Stärke in leicht verdauliche, einfache Zucker, Fette in freie Fettsäuren umgesetzt und vor allem Vitamine aufgeschlossen.

Die Herstellung von Keimfutter ist einfach, muss jedoch mit größter Sorgfalt geschehen, da gekeimte Körner sehr leicht verderben und leicht schimmeln. Sonnenblumenkerne und Getreidekörner wie Weizen und Hafer eignen sich am besten zum Ankeimen. Wenn die Keime gerade durchbrechen, ist das Keimfutter besonders wertvoll. In diesem Stadium sind der Vitamin- und Energiegehalt am höchsten und die Verdaulichkeit am besten. Man kann die Körner auch nochmals 24 Stunden stehen lassen. Der Keimvorgang schreitet dann weiter fort und die Keimlinge werden grün. Mit dem zunehmenden Wachstum des Schößlings sinkt allerdings der Energiegehalt und durch das gleichzeitige Ansteigen des Rohfasergehaltes sinkt auch die Verdaulichkeit des Futters.

Im Handel werden kleine Keimapparate angeboten, in der Regel verfährt man damit auf ähnliche Weise wie oben beschrieben. Wichtig ist immer das gute Spülen der Körner, um eventuell gebildeten Schimmel zu entfernen. Ist ein solcher bereits sichtbar, müssen die Körner weggeworfen werden.

Wichtig

Gekeimte Körner verderben sehr rasch, sie sollen immer in geringen Mengen und stets getrennt vom anderen Futter angeboten werden. Was der Graupapagei nicht innerhalb weniger Stunden gefressen hat, entfernen Sie und werfen es weg.

Herstellung von Keimfutter

- Der Tagesbedarf (etwa ein Esslöffel Körner pro Tag und Tier) wird zunächst in einem Sieb unter fließendem Wasser gut gespült, dann in eine Schale gegeben, mit lauwarmem Wasser bedeckt und bei einer Zimmertemperatur zwischen 20 und 25 °C so stehen gelassen.

- Nach 24 Stunden werden die Körner wieder in einem Sieb gut durchgeschwemmt, in eine flache Schale gegeben und mit einer zweiten Schale oder einem Teller so zugedeckt, dass eine Luftzirkulation möglich ist.

- Nach weiteren 24 Stunden zeigen sich die ersten Keimspitzen. Nun können die Körner nach nochmaligem gründlichem Abbrausen an die Papageien verfüttert werden.

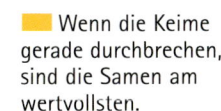
Wenn die Keime gerade durchbrechen, sind die Samen am wertvollsten.

47

Obst, Gemüse und Grünfutter

Im Freiland ernähren sich Graupapageien von allerlei Sämereien, Nüssen, halbreifem und reifem Getreide, aber auch von den unterschiedlichsten Beeren und Früchten. Feuchtfutter in Form von Obst, Beeren, Gemüse, Salat und Kräutern muss dem Graupapageien auch bei der Fütterung in Menschenobhut gereicht werden. Besonders wenn als Grundfutter eine Körnermischung geboten wird, sind die oben genannten Nahrungsbestandteile zur Versorgung mit Vitaminen unbedingt nötig. Zitrusfrüchte enthalten hohe Mengen an Vitamin C, Pfirsiche und Karotten sind reich an Provitamin A (Karotin), Äpfel und Weintrauben an Vitamin B6, das für viele lebenserhaltende Prozesse nötig ist.

Wie beim Körnerfutter muss auch beim Feuchtfutter die **Qualität** einwandfrei sein. Schimmeliges und faules Obst und Gemüse darf nicht verfüttert werden. Bei warmen Temperaturen verderben manche Obstsorten besonders schnell, sie sollten daher nur in kleinen Portionen, dafür aber mehrmals täglich angeboten werden. Bei der Auswahl der Obst- und Gemüsesorten richtet man sich nach dem jahreszeitlichen Angebot.

Früchte sind nicht nur Leckerbissen, sondern gehören zur täglichen Futterration.

Obst: Äpfel, Birnen, Bananen, Kirschen, Orangen, Pfirsich, Pflaumen, Aprikosen, Weintrauben, Ananas, Datteln, Feigen, Melonen, Kiwi, Mango, Papayas, Granatäpfel und viele andere exotische Früchte sind für Graupapageien geeignet. Auch getrocknete Früchte wie Datteln, Feigen, Aprikosen, Pflaumen oder Rosinen werden gerne gefressen.

Beeren: Heidelbeeren, Brombeeren, Preiselbeeren, Johannisbeeren, Stachelbeeren, Erdbeeren, Holunderbeeren sind geeignet. Wenn es die Zeit erlaubt, sollte man sich die Mühe machen, Beeren und Früchte in der Natur zu sammeln. Sie sind eine willkommene Bereicherung des Speiseplans, besonders vitamin- und mineralstoffreich und stets frisch. Man muss darauf achten, dass die Beeren nicht durch Spritzmittel von in der Nähe liegenden Feldern verunreinigt sind und auch Beeren von Sträuchern neben stark befahrenen Straßen wird man meiden. Besonders gerne verzehren Graupapageien Hagebutten, Kornelkirschen, Schneebeeren, die Beeren von Feuerdorn, Weißdorn, Eberesche und vom Cotoneaster. Viele Papageien mögen auch den sauren Geschmack der Berberitzenbeeren. Alle diese Beeren können frischreif, tiefgefroren und in getrocknetem Zustand verfüttert werden. Die Beeren des Schlehdorns (Schwarzdorns) sind erst nach dem ersten Frost genießbar und daher eine willkommene Abwechslung im Spätherbst und Winter.

Gemüse, Wurzeln und Knollen: Manche Graupapageien verschmähen Gemüse, andere wieder fressen bestimmte Sorten mit Begeisterung. Probieren Sie die verschiedenen Sorten aus und entdecken Sie die Vorlieben Ihrer Vögel. Geeignet sind: Karotten, Zucchini, Gurken, Paprikaschoten, Tomaten, Erbsen mit Schoten, Rote Rüben, Rettich, Radieschen, Zwiebel, Sellerie, halbreife, milchweiche Maiskolben, die man auch gut für den Winter einfrieren kann. Frische Maiskolben sind übrigens auch das Beste, was man Graupapageien zur Jungenaufzucht bieten kann. Reifen, gekochten Mais kann man als Futter anbieten, allerdings ist Mais in dieser Form bei Graupapageien weit weniger beliebt als der milchweiche Maiskolben und bezüglich des Nährwertes auch nicht so wertvoll.

Grünfutter: Grünfutter darf auf einem abwechslungsreichen Speisezettel für den Graupapageien nicht fehlen. Angeboten werden können: Spinat, Mangold, Grüner Salat, Petersilie, Kresse. Grüner Salat soll nur in kleinen Mengen verfüttert werden, zuviel davon erzeugt Durchfall. Bei Salat aus dem Handel muss es ungespritzter sein. Im Zweifelsfalle besser ganz auf Salat verzichten, es gibt genügend anderes geeignetes Grünfutter. Petersilie ist besonders mineralstoff- und vitaminreich, sie enthält viel Kalium, Kalzium, Phosphor und Vitamin A und K, sollte aber nur in kleinen Mengen verfüttert werden. Grünfutter muss stets frisch gereicht werden, wenn es welk geworden ist, kann es Verdauungsstörungen nach sich ziehen, interessiert dann aber die meisten Graupapageien ohnehin nicht mehr.

Futterpflanzen aus der Natur: Neben den schon erwähnten Beeren findet man beim Spaziergang auf Wiesen, Wegrändern und im Wald auch zahlreiche andere Pflanzen, die den Speiseplan ihrer Graupageien enorm bereichern können. Frische Zweige, die Graupapageien zur Beschäftigung erhalten, haben auch einen nicht zu unterschätzenden Nährwert. Mit der Rinde nehmen die Papageien Ballaststoffe und Mineralien zu sich. Die Blüten- und Blattknospen zeichnen sich durch einen hohen Eiweiß- und einen geringen Rohfasergehalt aus und sind damit sehr gut verdaulich.

49

Eine Auswahl an Pflanzen und ihrer Teile, die man Graupapageien anbieten kann:

Laubbäume:
Ahorn: Knospen, zarte Rinde, Samen
Birken: Knospen, zarte Rinde, Blüten,
Kätzchen, Samen
Eichen: Knospen, zarte Rinde
Erlen: Zarte Rinde, Samen
Haselnuss: Zarte Rinde, Nüsse
Holunder: Knospe, Rinde, Mark
Linden: Zarte Rinde, Samen
Rotbuche: Knospen, Samen (Bucheckern)
Ulmen: Knospen, zarte Rinde, Blüten, Samen

Walnuss: zarte Rinde, Kerne
Weiden: Knospen, zarte Rinde, Samen.

Nadelbäume:
Fichte: Samen
Kiefer: Samen
Lärche: Samen
Tanne: Samen
Die Samen aus den ganzen Zapfen heraus-
zupuzzeln ist, für den Graupapageien eine wun-
derbare Beschäftigung.

Krautige Pflanzen:
Ampfer: Samen
Beifuss: Samen
Eselsdistel: Samen
Huflattich: Samen
Hopfen: Samen
Kreuzkraut: Samen
Löwenzahn: Blätter, Blütenköpfe
Vogelmiere: Blätter, Fruchtstände
Luzerne: Blüten, Blätter
Wegerich: Samen

Vorsicht – Giftig:

Häufige, giftigen Pflanzen im Garten und
Freiland:
Robinien, Efeu, Eibe, Ginster, Goldregen,
Herbstzeitlose, Hyazinthen, Liguster,
Nachtschattengewächse, Narzissen, Oleander,
Pfaffenhütchen, Robinie, Rhododendron,
Schneeball, Schneeglöckchen, Seidelbast,
Tollkirsche, Wacholder.

Futterpflanzen aus der Natur haben noch einen großen Vorteil – sie kosten nichts. Viele Besitzer scheuen sich, dem Papageien Pflanzen aus der Natur anzubieten, aus Angst, es könnte sich um giftige oder unverträgliche Pflanzen handeln. Es lohnt sich aber, sich etwas eingehender mit diesem Thema zu beschäftigen und die Pflanzen kennen zu lernen, Ihr Papagei wir es Ihnen danken. Pflanzenbestimmungsbücher und einschlägige Literatur gibt es genug.

Tierisches Eiweiß

Während der Brutzeit, der Wachstumsphase, der Mauser und nach Krankheiten hat der Graupapagei einen größeren Bedarf an hochwertigem Eiweiß. Tierisches Eiweiß hat einen höheren Gehalt an essentiellen Aminosäuren als Eiweiß pflanzlicher Herkunft und sollte daher während dieser Perioden zusätzlich zum normalen Futter angeboten werden.

Als solche tierischen Eiweißquellen haben sich Magerquark, Joghurt und harte Eier bewährt. Manche Graupapageien fressen Trockenfutter für Hunde oder Katzen, andere nagen gerne das Fleisch von gekochten Knochen ab. Es eignen sich hierfür Rinder-, Kalbs- oder Hühnerknochen, die aber ohne Gewürze gekocht werden müssen.

Wichtig
Tierisches Eiweiß sollte nur während Zeiten größeren Bedarfs regelmäßig angeboten werden, sonst höchstens einmal wöchentlich und nur in geringen Mengen. Eine Überversorgung mit Eiweiß kann bei Papageien schwere Stoffwechselstörungen hervorrufen.

Vitamine und Mineralstoffe

Wenn der Graupapagei wie oben beschrieben ernährt wird, ist eine zusätzliche Vitaminzufuhr überflüssig. Nur in Zeiten, in denen der Graupapagei besonders belastet wird, während der Mauser, der Brutsaison oder in besonderen Stresssituationen kann man dem Graupapageien zusätzlich ein Multi-Vitaminpräparat geben.

Manche Graupapageien nehmen auch sehr gerne Fruchtsäfte auf und können damit einen Teil ihres Vitaminbedarfs decken. Einzelne Graupapageien mögen Multivitaminsaft so sehr, dass sie, wenn dieser Saft bei der täglichen Futterration nicht dabei ist, Stücke der angebotenen frischen Früchte in das Trinkwasser werfen, sie mit dem Schnabel im Wasser zerdrücken und dann den selbst hergestellten Saft trinken.

Vorsicht
Manche Vitamine kann man leicht überdosieren und damit Krankheiten verursachen! Am besten verabreicht man wasserlösliche Vitamin-Präparate über das Trinkwasser. Viele haben allerdings einen starken Eigengeschmack und die Papageien trinken Wasser mit solchen Zusätzen nicht.

51

Wieviel Futter

Als Grundregel für die Futtermenge gilt:

- **Körnermischung:** zwei bis drei gestrichene Esslöffel pro Tag und Tier.
- **Obst, Beeren und Gemüse:** etwa 50 g pro Tag und Tier, das entspricht der Menge eines mittleren Apfels.
- **Frische Pflanzen:** je nach Verfügbarkeit, ein kleines Büschel frische Zweige.
- **Tierische Produkte:** in kleinen Mengen (z.B. ein Teelöffel Magerquark).

Auch die speziell für Loris angebotene, mit Vitaminen, Mineralstoffen und Spurenelementen angereicherte flüssige Nährlösung (Lori-Nektar) schmeckt vielen Graupapageien und kann in kleinen Mengen als Zusatzfutter gereicht werden.

Papageien im Freiland nehmen zur Deckung ihres Bedarfs an Mineralstoffen Erde auf. Graupapageien in Menschenobhut müssen zusätzlich zum Futter Mineralstoffe angeboten bekommen. Am häufigsten werden als Mineralstoffquellen Sepiaschulpe oder Eierschalen angeboten. Wegen des hohen Salzgehaltes sollten Sepiaschulpe aber vorher einige Tage gewässert werden. Eierschalen müssen unbedingt gekocht oder im Backofen erhitzt werden, weil sie Krankheitserreger wie Salmonellen enthalten können. Sie werden dann im Mörser zerrieben und am besten in einer eigenen Schale angeboten. Ebenso kann man mit leeren Schneckenhäusern verfahren, die auch eine gute Mineralstoffquelle sind. Im Handel gibt es speziellen Futterkalk zu kaufen, in dem andere Mineralstoffe wie Phosphor, Mangan, Magnesium und Eisen enthalten sind. Oft ist dieser Futterkalk noch mit Vitaminen angereichert. Er wird über Obst- und Gemüsestücke oder anderes Feuchtfutter gestreut.

Die Nahrungsmenge

Wie viel ein Graupapagei von den verschiedenen Komponenten des angebotenen Futters täglich zu sich nimmt, hängt von der Zusammensetzung ab, aber auch die Haltungsbedingungen haben auf die täglich aufgenommene Nahrungmenge einen Einfluss. Wenn Graupapageien zum Beispiel in Gruppen gepflegt werden, erhöht sich der Futterverbrauch durch das Konkurrenzverhalten der einzelnen Individuen und natürlich auch durch die vermehrte Bewegung der Tiere.

■ Rechte Seite: Hagebutten eignen sich ausgezeichnet als Zusatzfutter. Dieser Graupapagei mag sie.

Trinkwasser

Frisches Trinkwasser muss dem Graupapageien immer zur Verfügung stehen. Es muss täglich erneuert und die Wasserschüssel regelmäßig sorgfältig gereinigt werden. Verunreinigtes und abgestandenes Wasser ist oft die Ursache für Krankheiten.

Gesundheitsvorsorge und Krankheiten

Gesunde Graupapageien sind lebhaft, an ihrer Umwelt interessiert und zeigen einen guten Appetit. Ihr Gefieder ist glänzend, die Augen klar, der Kot ist von fester Konsistenz und nahezu geruchlos. Beobachten Sie Ihren Graupapageien genau. Gewisse Anzeichen sollten Sie alarmieren: fehlende Aktivität, Appetitlosigkeit, glanzlose Augen, die zum Teil geschlossen gehalten werden, gesträubte Federn, verstärkte Atmung oder Atmung mit geöffnetem Schnabel, Durchfall, der oft dazu einen abnormen Geruch aufweist. All dies zeigt an, dass der Graupapagei krank ist. Kranke Graupapageien gehören in die Hände eines Tierarztes!

Krankheiten kann man vorbeugen

Als Erstes sollte man darauf bedacht sein, sich Krankheitserreger gar nicht erst einzuschleppen – durch den Kauf eines gesunden Vogels. Worauf Sie hierbei achten müssen, wird im Kapitel „Woher bekommt man einen Graupapageien" beschrieben. Ihr Graupapagei kann aber auch zum Zeitpunkt des Kaufes völlig gesund erscheinen und dennoch von Darmparasiten befallen sein oder an einer versteckten Infektionskrankheit leiden. Besonders wichtig ist es daher, einen neu gekauften Graupapageien nicht sofort mit einem schon vorhandenen zusammenzubringen. Der Neuzugang wird zunächst einige Zeit getrennt gepflegt und sein Verhalten und seine Futtergewohnheiten beobachtet. In dieser Zeit sollte eine Kontrolluntersuchung durch den Tierarzt einschließlich einer Kotuntersuchung auf Parasiten durchgeführt werden. Dies ist nicht sehr kostspielig, gibt Ihnen aber die Gewissheit, dass Sie wirklich einen gesunden Vogel erworben haben.

In der Folge sind artgerechte Haltung und Pflege die beste Vorsorge, Krankheiten erst gar nicht entstehen zu lassen. Viele Erkrankungen sind auf mangelnde Hygiene zurückzuführen oder resultieren aus Ernährungsfehlern. Wenn Sie außerdem die Hinweise im Kapitel „Schutz vor Gefahren" beachten, können Sie auch die Unfallgefahr stark reduzieren.

TIPP
Warten Sie nicht, bis sich ein schlechter Gesundheitszustand von selbst bessert. Je schneller eine fachkundige Diagnose gestellt und eine entsprechende Behandlung begonnen werden kann, desto größer sind die Heilungschancen.

Wichtige Krankheitssymptome

Der kranke Graupapagei sitzt teilnahmslos, oft etwas apathisch herum und er schläft ungewöhnlich viel. Das Gefieder ist leicht aufgeplustert, oft steckt er den Kopf in das Rückengefieder, die Augen sind meist geschlossen, der Blick glanzlos. Er hält sich beim Sitzen mit beiden Beinen auf der Sitzstange fest, sitzt mit gekrümmtem Rücken, atmet schwerer als sonst, oft mit geöffnetem Schnabel, rasselnde oder pfeifende Atemgeräusche sind zu hören. Die Farbe, der Geruch oder die Menge des Kots und des Harns ist verändert, der Kot kann zum Beispiel wässrig oder auffallend anders gefärbt sein. All diese Symptome, auch einzeln, sind untrügliche Zeichen, dass Ihr Graupapagei krank ist.

Die Krankheitsanzeichen, vom Laien oft falsch gedeutet, beschreiben Sie dem Tierarzt und überlassen ihm die Diagnose.

Erste Hilfe

Wenn Sie bemerken, dass Ihr Graupapagei krank ist oder er sich verletzt hat, sollte er so bald wie möglich zu einem Tierarzt gebracht werden. Bis dahin können Sie aber als Erstversorgung, je nach Zustand des Patienten, bestimmte Maßnahmen ergreifen:

Kranke Graupapageien brauchen **Ruhe** und zusätzliche **Wärme**. Bei kranken Vögeln sinkt die Körpertemperatur, die daraus folgende

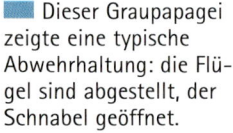
Dieser Graupapagei zeigte eine typische Abwehrhaltung: die Flügel sind abgestellt, der Schnabel geöffnet.

Unterkühlung verschlimmert ihren Zustand. Normale Raumtemperatur, auch wenn sie über 22 °C beträgt, ist für einen kranken Vogel nicht ausreichend. Eine Infrarot-Lampe oder ein -strahler, die kein Licht sondern nur Wärme abgeben, sind als Wärmequelle ideal, es genügt aber auch eine einfache 60-Watt-Glühbirne. Die Lampe muss außerhalb des Käfigs aufgestellt werden, um eine Verletzungsgefahr durch direkte Berührung auszuschließen. Die Lampe sollte so weit vom Käfig entfernt stehen, dass am Bestrahlungspunkt eine Temperatur von 30 bis 35 °C erreicht wird. In jedem Fall muss der Papagei die Möglichkeit haben, sich aus diesem Wärmekreis entfernen zu können, wenn es ihm unangenehm wird. Wenn die Wärmequelle längere Zeit erforderlich ist, müssen Sie auch für genügend Luftfeuchtigkeit sorgen. Am besten Sie decken einen Teil des Käfigs mit einem feucht-warmen Tuch ab.

> ### Achtung!
>
> Bei Gehirnverletzungen – wenn der Papagei gegen eine Fensterscheibe geflogen ist und bei allen Anzeichen von Krämpfen – ist eine Wärmebestrahlung schädlich und muss unterbleiben!

Ein kranker Papagei nimmt gewöhnlich keine oder nur sehr wenig Nahrung auf, trotzdem muss Wasser und Futter immer in Reichweite stehen. Die Nahrung muss leicht verdaulich sein, Grünfutter wird wegen der Durchfallgefahr dann nicht gereicht.

Bei **Krampfzuständen** muss der Graupapagei sofort zum Tierarzt. Wenn der Papagei gegen eine Scheibe geprallt ist, soll er sofort in einen dunklen Raum gebracht und völlig in Ruhe gelassen werden. Halten Sie alle äußeren Reize von ihm fern und warten Sie ein bis zwei Stunden, bevor Sie ihn in einem abgedunkelten Käfig oder in einer geschlossenen Holzkiste zum Tierarzt bringen.

Bei Verletzungen mit einer stärkeren **Blutung** muss angenommen werden, dass ein größeres Blutgefäß beschädigt wurde. In einem solchen Fall müssen Sie sofort für eine Blutstillung sorgen. Drücken Sie einen blutstillenden Verband (keine normale Watte!) so lange auf die Wunde, bis die Blutung zum Stillstand gekommen ist – das kann mehrere Minuten dauern – und bringen Sie dann Ihren Graupapageien so schnell wie möglich zum Tierarzt.

Transport zum Tierarzt

Der Transport zum Tierarzt sollte am besten in einer geschlossenen Holzkiste erfolgen, um Beunruhigungen möglichst minimal zu halten. Wenn Sie Ihren Graupapagei in einem Käfig transportieren, decken Sie diesen mit einer Decke ab. Besonders wichtig ist es, den kranken Graupapageien während des Transportes vor Kälte und Zugluft zu schützen.

Checkliste für den Tierarztbesuch

Für die schnelle und richtige Diagnose braucht der Tierarzt von Ihnen so viele Informationen wie möglich. Am besten, Sie machen sich schon zu Hause Notizen, damit Sie ihm einen möglichst detaillierten Vorbericht geben können.

Folgende Fragen sollten Sie beantworten können:

- Wie alt ist Ihr Graupapagei?
- Seit wann ist der Graupapagei in Ihrem Besitz?
- Woher stammt Ihr Graupapagei?
- Welche Krankheitssymptome haben Sie beobachtet?
- Wann sind diese Symptome aufgetreten?
- War Ihr Graupapagei früher schon einmal krank und wie wurde er behandelt?
- Wie ist Ihr Graupapagei untergebracht (Käfig, Außenvoliere)?
- Was bekommt Ihr Graupapagei zu fressen?
- Gibt es noch andere Papageien in Ihrem Haushalt?
- Sind Sie oder Familienmitglieder auch krank?

Während der Mauserzeit putzt sich der Graupapagei häufiger und intensiver als sonst, um lockere Federn und Federhüllen zu entfernen.

Krankheiten

Mauserstörungen

Im Laufe der Zeit nützen sich die Federn jedes Vogels ab und müssen erneuert werden. Diesen Prozess nennt man **Mauser**. Die Mauser ist keine Krankheit, sondern ein ganz natürlicher Vorgang, der für einen gesunden Vogel kein Problem darstellt. Papageien erneuern nacheinander Kopf-, Körper- und zuletzt die Schwanzfedern. In der Mauser ist der Papagei dabei zu beobachten, wie er sich stärker der Gefiederpflege widmet. Er putzt sich ständig und versucht dabei, die locker sitzenden, alten Federn zu entfernen und die nachwachsenden Federn von der feinen Hornschicht zu befreien, mit der sie zunächst noch umhüllt sind.

Die Mauser bedeutet für den Graupapageien eine größere körperliche Belastung. Er benötigt zur Neubildung der Federn besonders hochwertige Nährstoffe. Tierisches Eiweiß und eine ausgeglichene Vitaminversorgung sind Grundvoraussetzungen für einen ungestörten Ablauf der Mauser. Auch braucht er dringender als sonst Feuchtigkeit. Besprühen mit Wasser veranlasst zur Gefiederpflege, bei der er lockere Federn und Federhüllen entfernt.

Wenn sich die Mauser dahin zieht, der Graupapagei besonders an Kopf und Hals vermehrt Federn verliert, die Federn in den Kielen stecken bleiben, der Graupapagei insgesamt einen ständig zerrupften Eindruck macht, die Haut jedoch unverändert ist, dann liegt eine Mauserstörung vor, die **Stockmauser**. Die Ursachen für eine Stockmauser sind vielfältig. Es kann sich um Mangelerscheinungen auf Grund einseitiger Fütterung handeln oder es können Haltungsfehler vorliegen, wie zu niedrige Luftfeuchtigkeit oder Mangel an UV-Licht.

Als **Gegenmaßnahme** muss zunächst die Luftfeuchtigkeit erhöht werden. Dem Graupapageien sollte auch eine Bademöglichkeit zur Verfügung stehen oder er sollte wiederholt mit lauwarmem Wasser aus einer Blumenspritze abgeduscht werden. Der Anteil von tierischen Eiweiß im Futter muss erhöht werden, außerdem sollte man Mineralstoffe und Vitamine (besonders Vitamin A) zuführen.

Bessert sich der Zustand nicht, so ist als Ursache für die Stockmauser auch an hormonelle Störungen oder Organkrankheiten (z. B. Leber- oder Nierenerkrankungen) zu denken. Manchmal hat sich bei Mauserproblemen auch eine homöopathische Behandlung bewährt. In jedem Fall ist aber ein Tierarzt zu konsultieren, der je nach Ursache die nötige Behandlung einleiten wird.

■ Mauserstörungen sind fast immer auf Haltungsfehler zurückzuführen.

Vorsicht
Bei Gabe von künstlichen Vitaminpräparaten – und nur dann – können bestimmte Vitamine, unter anderem das Vitamin A auch überdosiert werden.

Veränderungen an Schnabel und Krallen

Schnabel und Krallen wachsen bei Vögeln langsam aber kontinuierlich, wie bei uns die Finger- oder Zehennägel. Im Gegensatz zu uns braucht der Graupapagei keine Pediküre, denn beim Klettern und Lau-

 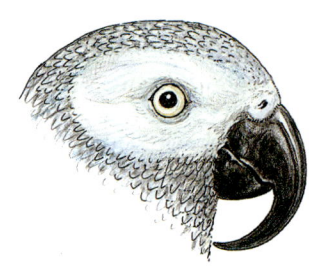

■ Ein übermäßig langer Schnabel weist oft auf fehlende Nagemöglichkeit hin.

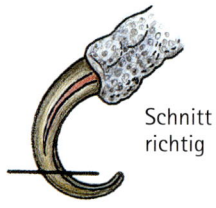

Schnitt richtig

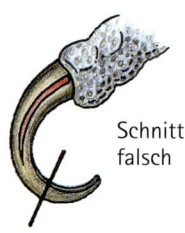

Schnitt falsch

■ Beim Schneiden der Krallen ist sorgfältig auf die richtige Schnittführung und auf den Blutkanal in der Kralle zu achten.

fen werden die Krallen abgenützt. Hat er aber zu wenig Gelegenheit dazu und werden ihm außerdem zu dünne Sitzstangen angeboten, nutzen sich seine Krallen zu wenig ab. Zu lange Krallen können zu ernsthaften Verletzungen führen, wenn der Papagei damit irgendwo hängen bleibt. Dann müssen die Krallen gekürzt werden. Beim Schneiden – am besten nimmt man dazu eine Nagel- oder Krallenzange – muss man sehr behutsam vorgehen, damit nicht versehentlich ein Blutgefäß angeschnitten wird. Da bei den dunkel pigmentierten Krallen der Graupapageien das Blutgefäß kaum erkennbar ist, überlässt man die Korrektur besser von vornherein einem Tierarzt.

Bekommt der Graupapagei reichlich hartschalige Samen und Zweige zum Nagen, wird ein Kürzen des Schnabels kaum notwendig sein. Chronische Infektionen oder Verletzungen im Bereich der Schnabelbasis sowie altersbedingte Veränderungen können allerdings zu raschem Wachstum oder Fehlstellungen führen, die eine korrekte Abnützung verhindern. Hier wird eine Schnabelkorrektur durch den Tierarzt notwendig.

Parasitäre Erkrankungen

Parasiten sind Organismen, die auf Kosten anderer Lebewesen in oder auf deren Körper leben und dabei dem Wirtskörper Schaden zufügen. Man unterscheidet Ektoparasiten (äußere Parasiten) und Endoparasiten (innere Parasiten).

Ektoparasiten

Federlinge sind kleine, 1 bis 3 mm lange Parasiten, die sich von Hautschuppen, Federteilchen und Drüsenabsonderungen ernähren. Ihre Eier kleben sie in Paketen an den Federn des Vogels fest. Besonders häufig sind diese so genannten Nissen in der Kloakenge-

60

gend und unter den Flügeln zu finden. Federlinge treten vor allem bei kranken und geschwächten Tieren auf. Stark mit Federlingen befallene Papageien leiden unter Juckreiz, beschäftigen sich oft mit ihrem Gefieder und sind extrem unruhig.

Die **Rote Vogelmilbe** ist kleiner als 1mm und ernährt sich vom Blut des Wirtsvogels. Sie befindet sich nur Nachts zur Nahrungsaufnahme an den Vögeln, den Tag verbringen die Milben in Spalten und Ritzen, zum Beispiel der Sitzstangen oder der Bruthöhlen. Starker Befall mit der Roten Vogelmilbe beunruhigt die Papageien und schwächt sie durch daraus folgende Blutarmut.

Räudemilben sind etwa einen halben Millimeter groß und leben unter den Hautschuppen der Vögel oder bohren sich in Hornschichten ein. Zu Beginn der Erkrankung findet man weißliche Beläge am Schnabel und an den Beinen, später kommt es an den befallenen Stellen zu borkenartigen Wucherungen, die dann auch im Bereich der Augen und der Kloake auftreten.

Bei Befall mit Ektoparasiten jeder Art darf nicht nur der Graupapagei selbst mit einem dafür geeigneten Insektizid behandelt werden, sondern es müssen auch Käfig oder Voliere gründlichst gereinigt und mit Kontaktinsektiziden behandelt werden. Das Insektizid und die Dosierung müssen auf alle Fälle vom Tierarzt vorgegeben werden; Insektizide töten nicht nur die Parasiten, sondern können auch dem Papagei selbst Schaden zufügen!

▉ Federlinge und Milben sind Parasiten, die sich von Hautschuppen oder vom Blut des Wirtsvogels ernähren.

Endoparasiten

Bei den ausschließlich in der Wohnung gepflegten Graupapageien spielen diese Parasiten zwar kaum eine Rolle, wohl aber bei Haltung in Freivolieren. Durch den Kot von befallenen Wildvögeln wie Tauben, Sperlingen oder Krähen gelangen die Parasiten oder deren Eier in die Voliere und werden vom Graupapagei über den Bodengrund, verschmutztes Wasser oder mit dem Futter aufgenommen. Der Befall mit diesen Endoparasiten kann zu ernsthaften Problemen und sogar zum Tode führen.

Die häufigsten Endoparasiten, die beim Graupapagei auftreten können und alle im Darm der Papageien schmarotzen, sind die **Spulwürmer** (Askariden), die **Haarwürmer** (Capillarien) und einzellige Sporentierchen, die **Kokzidien**.

Flüssiger, verfärbter Kot, eine deutliche Mattigkeit, Sitzen mit gesträubtem Gefieder und Fressunlust sind die ersten Anzeichen einer

Das Graben im Sand oder in der Erde macht dem Graupapagei Spaß; parasitäre Erkrankungen werden jedoch durch Naturböden gefördert.

solchen Erkrankung. In der Folge kommt es dann zu starker Abmagerung und der Graupapagei kann daran auch sterben.

Für jede Art von Parasitenbefall ist eine gezielte Behandlung durch den Tierarzt notwendig. Vor Behandlungsbeginn muss daher eine genaue Bestimmung der Parasiten über eine parasitologische Kotuntersuchung erfolgen. Um nach der Behandlung eine erneute Infektion zu verhindern, muss die gesamte Einrichtung gründlich gereinigt und desinfiziert werden. Besonders sorgfältig ist dabei der Volierenboden zu behandeln, in den meisten Fällen wird man eine Schicht abtragen und mit neuem Substrat auffüllen müssen.

Die beste Prophylaxe gegen Endoparasiten ist die hygienische Haltung der Graupapageien. Bei Graupapageien, die in Freivolieren gehalten werden, ist zweimal jährlich eine Kotuntersuchung zu empfehlen, um einen Wurmbefall früh zu erkennen und ihm mit einer Wurmkur zu begegnen. Das vom Tierarzt verschriebene Wurmmittel wird am besten über das Futter verabreicht, zum Beispiel einem Stück Obst, Biskuit oder einem anderen Leckerbissen.

Krankheiten der Verdauungsorgane

Eine der häufigsten gesundheitlichen Störungen ist eine **Entzündung des Magen-Darm-Kanals.** Schlechte Futterqualität, plötzlicher Futterwechsel, Stress, bakterielle Infektionen, Virusinfektionen, Pilze oder Parasiten können die Ursache dafür sein. Eine Darmentzündung ist fast immer mit Durchfall verbunden, oft hat der Kot auch einen unangenehmen Geruch. Der erkrankte Papagei sitzt geduckt und teilnahmslos an einer Stelle, häufig mit gesträubtem Gefieder. Er wirkt entkräftet, ist appetitlos, nimmt aber dafür mehr Flüssigkeit auf. Als Sofortmaßnahme sollte der Graupapagei eine Wärmequelle (Rotlichtstrahler) erhalten. Zum Trinken reicht man Wasser oder verdünnten Schwarztee, dazu leicht verdauliches und energiereiches Futter, zum Beispiel gekochten Reis, Haferflocken, ungesüßten Biskuit oder Zwieback. Grünfutter wird für einige Zeit vom Speisezettel gestrichen. Wenn innerhalb von 24 Stunden keine Besserung eintritt, muss der Tierarzt aufgesucht werden.

Neuropathische Vormagendilatation

Hierbei handelt es sich vermutlich um eine Viruserkrankung, bei
der die Nerven des Verdauungstraktes, vor allem des Drüsenmagens,
zerstört werden. Symptome dieser Krankheit sind Abmagerung und
Erbrechen, typisch sind unverdaute Körner im Kot. Später tritt Durchfall auf, der gegen Ende blutig wird. Im fortgeschrittenen Stadium
können auch Lähmungen, Gleichgewichtsverlust oder epilepsieähnli-
che Anfälle dazu kommen. Für diese Krankheit gibt es bis heute keine
Behandlung. Mit Nahrungsumstellung auf breiige, leicht verdauliche
Kost können die Papageien aber oft relativ lange Zeit am Leben
erhalten werden.

Krankheiten der Atmungsorgane

Als Folge einer Infektionskrankheit durch Pilze, Viren, Bakterien oder
Fremdkörper kann es zu einer **Lungenentzündung** kommen. Der
Graupapagei zeigt sich matt und appetitlos, atmet kurz und ober-
flächlich. Im fortgeschrittenen Stadium verstärkt sich die Atemnot,
der Papagei atmet stoßweise mit geöffnetem Schnabel, röchelnde und
japsende Atemgeräusche sind zu hören. Hier ist Gefahr im Verzug!
Neben einer sofortigen Wärmezufuhr braucht der Graupapagei rasch
ärztliche Behandlung. Eine Heilung ist nur möglich, wenn die
Behandlung so früh wie möglich begonnen wird. Daher sollte bei
ersten Zeichen von apathischem Verhalten in Verbindung mit Atemnot (Symptomen, die auch bei vielen anderen Krankheiten auftreten
können) der Graupapagei dem Tierarzt vorgeführt werden.

Erkrankungen durch Pilzinfektionen

Durch Pilze verursachte Erkrankungen betreffen
Graupapageien leider sehr häufig. Bei allgemeiner
Abwehrschwäche des Graupapageien und schlechten Haltungsbedingungen, wie Vitaminmangel, zu
trockene Luft oder auch zu große Feuchtigkeit
kann es zu Schimmelpilzinfektionen in der Lunge
und in den Luftsäcken kommen. Die Erreger dieser
Infektion sind meist die Schimmelpilze *Aspergillus
fumigatus* oder *Aspergillus flavus*, nach ihnen wird
diese Erkrankung als Aspergillose bezeichnet. Die
Erreger sind praktisch überall vorhanden (Luft,

Wichtig

Auch beim Erkennen der Symptome
einer Pilzinfektion muss umgehend
der Tierarzt aufgesucht werden, weil
eine Therapie nur am Anfang der
Erkrankung Erfolg versprechend ist,
solange noch keine erheblichen
pathologischen Organveränderungen
stattgefunden haben.

Futter, Bodengrund u.s.w.). Der Ausbruch wird bestimmt durch die Konzentration des Pilzes in der Umwelt und dem Zustand des Tieres. Viele Graupapageien haben auch abgekapselte Aspergilloseherde im Körper, die bei Schwächung durch andere Krankheiten, besonders bei Vitamin-A-Mangel, aber auch durch Stress aktiviert werden können. Auch die langzeitige Gabe von Antibiotika begünstigt die Ausbreitung der Pilze im Vogelkörper. Da die Krankheit oft im Zusammenhang mit anderen Krankheiten auftritt, wird sie auch als Faktorenkrankheit bezeichnet.

Eine Verlegenheitsgeste – oder scheint dieser Graupapagei doch über etwas nachzudenken?

Es gibt dabei einen akuten Krankheitsverlauf, der sich durch verminderte Vitalität, fehlenden Appetit und Apathie äußert. Die Graupapageien haben zudem Atemstörungen; besonders auffällig dabei ist das Atmen mit geöffnetem Schnabel. Die chronische Form hat weniger deutliche Symptome, im Laufe der Zeit zeigen solche Vögel jedoch meist einen deutlichen Gewichtsverlust, auffallend ist auch das schwerere Atmen, wenn sich der Papagei anstrengt.

Die zweite, nicht ganz so verbreitete Pilzerkrankung bei Graupapageien wird durch den Sprosspilz *Candida albicans* verursacht und als Soor bezeichnet. Die Erreger werden mit dem Futter aufgenommen. Im Gegensatz zur Aspergillose befällt dieser Pilz beim Papageien nur die Schnabelhöhle und den Kropf mit nachfolgender Kropfentzündung.

Der Befall mit Candida äußerst sich durch Appetitmangel, Würgen, Erbrechen von Körnern und Schleim, grüngrauem Durchfall und manchmal stellen sich dazu auch Atembeschwerden ein. Auf den Schleimhäuten sind lockere, weißliche bis bräunliche, schmierige Beläge festzustellen.

Die Behandlung der befallenen Schnabelhöhle erfolgt lokal mit einer antimykotischen Salbe sowie geeigneten anderen Präparaten, die über das Futter aufgenommen werden können.

Erkrankungen durch Vitaminmangel

Sie haben ihre Hauptursache in Fütterungsfehlern und sollten bei reichhaltiger und abwechslungsreicher Fütterung mit viel Obst und Grünfutter eigentlich kein Thema sein.

Trotzdem gibt es gerade bei Graupapageien immer wieder Vitaminmangelerscheinungen und bei solchen Vögeln, die hauptsächlich Körner fressen, sind besonders häufig Erkrankungen auf Grund von **Vitamin-A-Mangel** zu beobachten.

Das eigentliche Vitamin A ist nur in Futtermitteln tierischer Herkunft enthalten. In vielen Pflanzen hingegen kommen Provitamine vor, Vorstufen des Vitamin A. Diese so genannten Karotinoide werden in der Leber des Vogels in Vitamin A umgewandelt. Vitamin A ist unter anderem wichtig für die Sehkraft, notwendig für das Knochen- und Knorpelwachstum und spielt eine wesentliche Rolle für das Immunsystem des Papageien. Es ist bei der Antikörperbildung beteiligt und fördert damit die natürliche Widerstandkraft des Körpers gegen Einflüsse von außen.

Karotinoide kommen nur in ausgewachsenen, grünen Pflanzen vor und nicht in den Samen. Daher sind Körnerfresser besonders anfällig für Vitamin-A-Mangel. Solche Vögel zeigen sich matt, schlapp und müde und schlafen viel. Oft ist auch der Gefiederzustand schlecht, eine Entzündung der Nase und eine Rötung der Augenlider kann ebenfalls auf Vitamin-A-Mangel hinweisen. Typisch ist auch eine Verhornung der Haut, deutlich an der Wachshaut und an den Füßen der Papageien zu erkennen. Weiter können Schleimhautveränderungen zu Atem- und Schluckbeschwerden führen. Durch die allgemeine Abwehrschwäche können sich auch Bakterien und Pilze leichter festsetzen und entsprechende Erkrankungen auslösen.

Wenn der Tierarzt einen Vitamin-A-Mangel festgestellt hat, wird er den Graupapageien mit entsprechenden Präparaten behandeln. Auf keinen Fall sollte eine Eigenbehandlung vorgenommen werden, weil einerseits nicht erkannte Sekundärinfektionen zu weiteren Schäden führen können, andererseits kann Vitamin A auch überdosiert werden und zu einer Vitamin-A-Vergiftung führen.

Erdnüsse sind besonders beliebte Leckerbissen, aber Vorsicht, sie verderben sehr leicht und können dann dem Graupapagei schwere gesundheitliche Schäden zufügen.

Infektionskrankheiten

Bakterien aus der Gruppe der **Salmonellen** sind weltweit verbreitet und können bei verschiedensten Tierarten – auch beim Menschen – zu Erkrankungen und Todesfällen führen. Die Übertragung erfolgt durch infiziertes Wasser und Futter, in Freivolieren auch durch Mäuse- und Rattenkot und durch frei lebende Vögel wie Tauben oder Sperlinge. Geschwächte Vögel oder Papageien in Stresssituationen sind für eine Salmonellose besonders anfällig. Erkrankte Vögel zeigen

sich matt und apathisch, sitzen mit hängenden Flügeln und gesträub-
ten Federn herum, haben Durchfall und trinken viel Wasser. In
schweren Fällen treten auch Atemnot und manchmal sogar Lähmungserscheinungen auf. Eine sichere Diagnose kann erst durch eine
bakterielle Untersuchung gestellt werden. Der Tierarzt wird daraufhin
die nötige Behandlung einleiten. In jedem Fall muss
der erkrankte Graupapagei separiert werden und es
ist auf peinlichste Sauberkeit zu achten. Sitzstangen, Einrichtung und Trinkgefäße sind gründlich zu
desinfizieren, denn es besteht Infektionsgefahr auch
für Menschen.

Wichtig

Die Auffälligkeit von Papageien
gegenüber Infektionskrankheiten ist
geringer, wenn die Vögel
• unter hygienischen Bedingungen,
• mit abwechslungsreichem Futter,
• Sozialkontakten und Beschäftigung
• und frischer Luft und Sonne gehalten werden.

Kolibakterien werden als Krankheitsüberträger
bei Papageien oft unterschätzt. Viele Kolistämme
gehören bei Säugetieren und auch bei Fleisch fressenden Vögeln zur normalen Darmflora. Körnerfresser aber haben kaum eine Darmflora und bei gutem
Gesundheitszustand auch keine gramnegativen
Bakterien, zu denen die Kolibakterien gehören. Eine
Infektion, verursacht durch das Bakterium Escherichia coli, tritt bei
Resistenzschwäche oder Stress, Mangelerscheinungen oder Parasitenbefall auf, vor allem aber bei mangelnder Hygiene. Der Erreger wird
über Kot von Menschen und Fleisch fressenden Tieren wie Ratten,
Katzen, Hunden ausgeschieden und vom Papageien hauptsächlich
über verschmutztes Futter oder Wasser aufgenommen. Erkrankte Tiere
zeigen sich matt und lustlos und haben mehr oder weniger starken,
schaumigen Durchfall. Die Erreger dringen auch durch Eischalen und
schädigen den Embryo; die Küken sterben noch im Ei oder wenige
Tage nach dem Schlupf. Durch einwandfreie hygienische Haltung,
also größte Sauberkeit, sind Koli-Infektionen zu verhindern.

Eine Viruskrankheit, die gewöhnlich bei Geflügel auftritt, aber
auch bei Graupapageien vorkommen kann, ist die sogenannte New-
castle Disease, auch **Geflügelpest** genannt. Verantwortlich dafür sind
bestimmte Stämme von Paramyxoviren. Meist erkranken Jungtiere.
Vorsicht ist auch bei frisch importierten Papageien geboten. Die
Krankheit verläuft in den meisten Fällen sehr schwer und führt fast
immer zum Tode. Erkrankte Papageien sind apathisch, haben ein
struppiges Federkleid, prusten Schleim aus der Nase und zeigen
schließlich schwere zentralnervöse Störungen. Sie bewegen sich
unkoordiniert, verdrehen den Kopf, zittern, zeigen schwankende und
ruckartige Bewegungen, haben Krämpfe, Lähmungserscheinungen und
Atemnot. Auch blutiger Durchfall kann auftreten. Mitunter sterben
die Vögel auch ohne die genannten Symptome.

Psittakose – Papageienkrankheit

Die Erreger dieser Krankheit sind sogenannte **Chlamydien**, die eine Zwischenstellung zwischen Bakterien und Viren einnehmen. Diese Krankheit ist nicht auf Papageien beschränkt, bei nicht zu den Papageien gehörenden Vogelarten wird sie als Ornithose bezeichnet. Sie ist auch auf den Menschen übertragbar, bei dem sie hohes Fieber, Gliederschmerzen und schließlich schwere Lungenentzündungen hervorrufen kann.

Die Erreger werden über Augen- und Nasensekret und über den Kot der Vögel ausgeschieden. Die Verbreitung erfolgt durch feinste getrocknete, erregerhaltige Feder- und Kotteilchen, die eingeatmet werden. Diagnostiziert wird die Infektion durch Blut- und Kotuntersuchungen.

Akut erkrankte Papageien leiden an Nasenausfluss und Bindehautentzündung, sind teilnahmslos und zeigen kaum Appetit. Durchfall und erhöhte Atemfrequenz sind weitere Symptome. Die Erkrankung verursacht eine starke Abmagerung, meist tritt nach zwei bis drei Wochen der Tod ein.

Es können aber auch völlig gesund erscheinende Papageien Ausscheider des Erregers sein und in dieser latenten Phase die Krankheit auf ihre Artgenossen und den Menschen übertragen. Durch Schwäche während oder nach einer anderen Krankheit oder durch Stress kann es auch bei diesen Vögeln zum Ausbruch der Psittakose kommen. Besonders neu zugekaufte Graupapageien sollten daher während der Quarantänezeit unbedingt auf diese Krankheit untersucht werden.

Vergiftungen

Durch ihre Neugier geraten Graupapageien in der Wohnung eher in Gefahr, sich an Pflanzen oder durch Blei zu vergiften.

Je nach Pflanzenart und Menge der Aufnahme kann es zu Übelkeit und Erbrechen oder auch zu lebensbedrohlichen Vergiftungen kommen. Die häufigsten Pflanzen, die für Vögel giftig sind, finden sich in den Kapiteln „Schutz vor Gefahren" und „Das Futter".

Graupapageien nagen gerne an weichen metallischen Teilen, zum Beispiel an Bleischnüren in Vorhängen oder bleihaltigen Verschlüssen von Weinflaschen. Symptome einer Bleivergiftung sind blutig-wässriger Durchfall, zentralnervöse Störungen, Lähmungen und Krämpfe. Bei Verdacht auf eine Bleivergiftung muss der Graupapagei sofort dem Tierarzt vorgeführt werden. Im fortgeschrittenen Stadium, wenn bereits unheilbare Organschäden entstanden sind, kommt allerdings jede Hilfe zu spät.

Brut und Aufzucht der Jungen

Im Freiland leben Graupapageien ganzjährig in Schwärmen zusammen. Schon im Alter von zwei Jahren beginnen die Vögel, sich einen Partner zu suchen, obwohl die Geschlechtsreife erst ab dem fünften Lebensjahr eintritt. In der Partnerwahl sind Graupapageien, wie viele andere Papageienarten auch, äußerst wählerisch. Sie schließen nur eine so genannte Neigungsehe. Das heißt, sie müssen einander sympathisch sein und sich mögen.

Überlegungen zuvor

Die Zucht von Graupapageien in Menschenobhut gelingt heute gut und wenn man die Inserate in diversen Fachzeitschriften studiert, hat man den Eindruck, dass das Angebot größer ist als die Nachfrage nach gezüchteten Graupapageien.

Das Fortpflanzungsverhalten und die Aufzucht der Jungen sind wesentliche Verhaltenselemente im Leben eines Vogels, die eigentlich auch bei Graupapageien in Menschobhut unbedingt angestrebt werden sollten. Andererseits muss man sich die Frage stellen „Wohin mit dem Nachwuchs?", denn man will die Jungtiere ja auch nur an bestens geeignete Plätze weitergeben.

Oft ist es daher besser, auf Nachwuchs zu verzichten. Man kann zum Beispiel das Gelege gegen gleich große Gipseier austauschen. Das Weibchen wird sie in der Regel wie ihre eigenen bebrüten und man lässt die Vögel damit zumindest das Balz- und Brutverhalten ausleben.

Wenn man keinesfalls nachzüchten will, kann man beim Erwerb der Vögel auch gleichgeschlechtliche Tiere wählen. Will man mit seinen Graupapageien irgendwann einmal züchten, braucht man dazu ein harmonierendes Zuchtpaar. Wie schon erwähnt, unterscheiden sich Männchen und Weibchen bei den Graupapageien äußerlich kaum. Wenn das Geschlecht eines Graupapageis unbekannt ist, wird man eine **Geschlechtsbestimmung** durchführen lassen müssen. Eine zuverlässige Methode ist die Endoskopie. Der Papagei wird dazu vom Tierarzt in Narkose gelegt. Hinter der letzten Rippe wird durch einen kleinen Einstich das Endoskop eingeführt. Mit einer darin integrierten Lichtquelle kann der Tierarzt die Hoden bei den Männchen oder die

Die soziale Gefieder-
pflege dient der Paar-
bildung und -festigung.

Eierstöcke bei den Weibchen sehen. Diese
Methode ist nur bei erwachsenen, geschlechts-
reifen Tieren anwendbar und versagt bei überge-
wichtigen Vögeln. Sie hat den Vorteil, dass dabei
auch eventuelle Erkrankungen anderer Organe
festgestellt werden können, und den Nachteil,
dass den untersuchten Vögeln, speziell von weniger erfahrenen Tierärzten, dabei auch Verletzungen
zugefügt werden können.

Die gängigere Methode zur Geschlechtsbestimmung ist heute eine
genetische Untersuchung. Man braucht dazu nur einige Brustfedern
oder eine Schwanzfeder und es ist keine Betäubung notwendig.
Außerdem kann mit dieser Methode auch schon das Geschlecht jun-
ger, noch nicht geschlechtsreifer Vögel bestimmt werden. Ihr Tierarzt
weiß am besten, welche Institutionen in Ihrer Nähe solche Untersu-
chungen durchführen.

Auf die Problematik der Zusammenstellung eines Brutpaares ist
schon im Kapitel „Einzelvogel, Paar oder Gruppe" eingegangen worden.
Am besten ist es, wenn der Graupapagei sich aus einer Gruppe den
passenden Partner selbst aussuchen kann. Dabei lassen sich von einem
geübten Beobachter schon früh Zeichen von Sympathie zwischen zwei
Graupapageien erkennen. Die Vögel sitzen oft zusammen, reiben die
Schnäbel aneinander und pflegen sich gegenseitig das Gefieder. Dieser
ideale Fall einer Partnerzusammenstellung wird aber nur in den sel-

tensten Fällen möglich sein. Meist wird man also selbst zwei Vögel zusammenstellen müssen, wobei vor allem dann besonders behutsam vorgegangen werden muss, wenn ein Graupapagei eingewöhnt ist und bereits ein Territorium hat. Dieser Graupapagei wird möglicherweise seine Überlegenheit ausspielen und zu keiner Partnerschaft bereit sein. Um diesen „Heimvorteil" zu vermeiden, ist es besser ist, wenn beide Vögel gleichzeitig in die Zuchtvoliere gesetzt werden. Auch unter Volierenbedingungen ist es günstiger, Jungvögel zusammenzusetzen. Junge Graupapageien gewöhnen sich viel schneller aneinander als Altvögel. Sie entwickeln auch eine stärkere Paarbindung.

Die notwendigen Vorbereitungen

Kommt ein Paar in Brutstimmung, so erkennen Sie dies zunächst einmal am intensiveren Kontakt der beiden Graupapageien zueinander. Die beiden sitzen in engem Körperkontakt, das gegenseitige Kraulen und Putzen wird häufiger. Die Partner kraulen sich besonders intensiv im Nacken, wobei der gekraulte Vogel oft genussvoll die Augen schließt. Immer wieder sind die beiden auch dabei zu beobachten, wie sie ihre Schnäbel aneinander reiben – eine Vorstufe zum späteren Partnerfüttern. Dabei würgt das Männchen unter pumpenden Bewegungen Futterbrei hervor und übergibt diesen dem Weibchen. Dieses Partnerfüttern ist ein wesentliches Element der Balz und festigt die Paarbindung ganz besonders. Nach einiger Zeit sind auch andere Elemente des Balzverhaltens erkennbar. Die Graupapageien stolzieren in aufrechter Haltung aufeinander zu und heben und senken dabei den Kopf. Sie laufen mit hängenden, leicht abgespreizten Flügeln die Äste auf und ab und präsentieren dabei die roten Schwanzfedern. Schließlich werden auch regelrechte Balztänze aufgeführt. Dabei stoßen die Partner leise, monotone Laute aus. Alle diese Verhaltensweisen führt das Männchen häufiger und intensiver aus als das Weibchen. Alle Elemente des Balzverhaltens dienen der Verhaltenssynchronisation des Paares, die die Voraussetzung für die spätere Kopulation ist.

Bruthöhle

Zu dieser Zeit macht sich das Männchen auch auf die Suche nach einer geeigneten Nisthöhle. Im Freiland sind das natürliche Höhlen in alten, morschen Bäumen. In der Voliere muss man den Graupapageien passende Nistkästen zur Verfügung stellen. Die Größe des Nistkastens kann dabei variieren, Graupapageien sind bezüglich ihrer Bruthöhlen

71

Verschiedene Formen von Bruthöhlen, die sich für Graupapageien eignen. Sie sollten eine seitliche Klappe für möglichst störungsfreie Kontrollen des Geleges haben.

nicht sehr wählerisch. Am besten eignet sich ein großer, innen morscher Baumstamm. Er braucht nur grob ausgehöhlt zu werden, das Übrige besorgen die Vögel selbst. Natürlich kann man den Nistkasten aber auch selbst aus dicken Hartholzbrettern zusammenzimmern. Die Bruthöhle kann zwischen 50 und 100 cm tief sein, der Innendurchmesser sollte 25 bis 30 cm betragen. Als Nistmaterial wird Rinden- oder Holzmulm, Holzspäne und Laub in die Höhle gegeben. Das Einflugloch soll einen Durchmesser von etwa 10 cm haben und ungefähr 50 cm über dem ausgepolsterten Bruthöhlenboden liegen. Um spätere Kontrollen beim Gelege oder den Jungen zu ermöglichen, ohne die Elterntiere zu sehr zu stören, ist der Einbau einer Klappe anzuraten, welche in der Höhe des Nestbodens zu öffnen ist. Eine gut befestigte Sitzstange, die vom Höhleneingang leicht erreichbar ist, erleichtert später den Jungen die Rückkehr in die Höhle, wenn sie diese in den ersten Tagen nach dem ersten Ausfliegen kurzfristig verlassen.

Der Nistkasten sollte im oberen Drittel der Voliere platziert sein, es hat aber auch schon erfolgreiche Bruten in Nistkästen gegeben, die am Boden aufgestellt wurden. Wenn die Voliere groß genug ist, empfiehlt es sich zwei oder sogar drei Nistkästen anzubieten, das Paar kann sich dann selbst entscheiden. Ist eine Freivoliere vorhanden, soll man Bruthöhlen sowohl außen wie auch im Innenraum anbringen. Wichtig ist dabei, dass die Bruthöhle in der Außenvoliere im Schatten sowie wind- und wettergeschützt montiert wird.

Versorgung vor der Brut

Sobald das Männchen beginnt, das Weibchen zu füttern und damit anzeigt, dass das Paar in Brutstimmung ist, muss auch die Fütterung darauf eingestellt werden. Die Graupapageien sollten nun genügend Kalzium und eine optimale Vitaminversorgung erhalten. Gleichzeitig sollte man jetzt damit beginnen, ihnen geringe Mengen des Aufzuchtfutters anzubieten, wie es später auch bei der Ernährung der Jungen verwendet werden soll, damit die Elterntiere rechtzeitig an dieses Futter gewöhnt werden.

Eiablage und Brut

Graupapageien-Männchen sind während der Brutzeit in der Regel recht aggressiv gegen ihre Betreuer – auch Vögel, die sonst praktisch handzahm sind. Mit dem Besetzen des Nistplatzes werden sie territorial und verteidigen die Bruthöhle und deren Umgebung. Neuere wissenschaftliche Erkenntnisse haben gezeigt, dass das aggressive Verhalten gegen Rivalen, sei es nun der Betreuer oder bei Gruppenhal-

> **Achtung!**
>
> Graupapageien sollen während der Brut so wenig wie möglich gestört werden. Zügeln Sie daher Ihre Neugier und werfen nur dann einen kurzen Blick in die Bruthöhle, wenn das Weibchen sie freiwillig zur Futteraufnahme verlassen hat.

Zum Balzverhalten des Graupapageien zählen auch solche Bewegungsweisen, bei denen die roten Schwanzfedern präsentiert.

73

tung ein Artgenosse, auch dazu dient, bei der Abwehr des Rivalen die eigene Aggression ganz generell abzubauen. Das kommt dem Weibchen zugute, die Paarbindung verläuft harmonischer.

Besonders beim ersten Mal sind die Vögel während der Brutzeit nervös, wenn man in die Nähe der Nisthöhle kommt. Größere Säuberungsaktionen sollte man daher in der Brutzeit unterlassen, die tägliche Reinigung auf das Nötigste reduzieren. Auch regelmäßige Nestkontrollen, um sich vom Fortschritt der Brut zu überzeugen, sind unbedingt zu vermeiden. Sie würden Ihren Graupapagei mit Sicherheit aus der Nisthöhle vertreiben und im schlimmsten Fall könnte er die Brut ganz aufgeben.

Das Gelege eines Graupapageien besteht aus zwei bis drei, seltener auch vier oder fünf rundlichen, weißen Eiern, die in einem Abstand von zwei bis drei Tagen gelegt werden. Das Weibchen bebrütet die Eier alleine, fest gebrütet wird in der Regel ab dem zweiten Ei. Dann verlässt das Weibchen nur selten die Bruthöhle, meist in den frühen Morgenstunden und am Abend, um zu trinken und Kot abzusetzen. Während der gesamten Brutzeit wird das Weibchen vom Männchen gefüttert. Das Männchen bleibt dabei immer außerhalb der Bruthöhle, aber es hält Wache, entweder auf einem Ast in unmittelbarer Nähe der Bruthöhle oder es sitzt manchmal auch direkt auf dem Nistkasten, ist angriffslustig und verteidigt die Bruthöhle und ihre Umgebung.

Schlupf und Aufzucht der Jungen

Nach 28 bis 30 Tagen Brutdauer schlüpfen die kleinen Graupapageien. Ein leises Piepen, die ersten Kontakt- und Bettellaute der Jungen, sind dann aus der Bruthöhle zu hören. Wie alle Höhlenbrüter sind Graupapageien **Nesthocker**. Das heißt, sie kommen mehr oder weniger nackt und völlig unbeholfen zur Welt und brauchen verhältnismäßig lang, bis sie selbstständig sind. Frisch geschlüpfte Graupapageien haben eine rosa Hautfärbung und zeigen als erstes Federkleid einen zarten Flaum aus weißlichen Dunenfedern. Schnabel und Füße sind hell fleischfarben, die Augen in den ersten Tagen noch geschlossen.

Das Weibchen versorgt nun die Jungen mit dem vom Männchen erhaltenen Futter. Nach etwa einer Woche geht auch das Männchen in die Bruthöhle und füttert die Kleinen direkt. Die Jungen erhalten dabei schon vorverdautes Futter, denn die von den Graupapageien aufgenommene Nahrung verbleibt zunächst im Kropf.

Wichtig
Verantwortungsvolle Züchter lassen die Jungtiere so lange bei den Elterntieren, bis sie alle Verhaltensmuster erlernt haben, die ihnen später ein selbstständiges Leben ermöglichen.

74

Durch den Einfluss von Speichel und dem aus dem Drüsenmagen aufsteigenden Magensaft wird dort das Futter gequollen und vorverdaut.

Schon zu Brutbeginn wurde dem Paar zusätzlich zum normalen Futter in kleinen Mengen Aufzuchtfutter angeboten. Fertiges **Papageien-Aufzuchtfutter** gibt es im Handel, man kann es aber auch selbst zusammen stellen. Dazu gehören unter anderem Babynahrung wie Vielkornbrei oder in Milch eingeweichtes Weißbrot oder Biskuit. Milch ist wesentlich für die Proteinversorgung. Sie enthält wertvolle Aminosäuren und Kalzium, die notwendig sind für das Feder- und Knochenwachstum der Jungvögel. Dazu kommen hart gekochte Eier, halbreife Sämereien und Keimfutter, milchreife Maiskolben, Grünfutter mit Samenständen und Früchte aller Art.

Nach und nach verlässt das Weibchen immer öfter die Nisthöhle, nur die Nächte verbringt sie bei den Jungen in der Höhle, um sie zu wärmen. Mit etwa zehn Wochen haben die Nestlinge ihr fast vollständiges Gefieder. Mit elf bis zwölf Wochen verlassen sie erstmals die Bruthöhle. Zu diesem Zeitpunkt unterscheiden sie sich von den Altvögeln nur noch durch etwas blassere Schwanzfedern, einen kürzeren Oberschnabel und die schwarzen Augen. Bei den ersten Kletterversuchen wirken die Jungen noch unbeholfen und sie flüchten auch bei der geringsten Störung zurück in die Bruthöhle. Aber schon bald werden die Bewegungen sicherer und sie lernen allmählich, auch selbstständig Nahrung aufzunehmen.

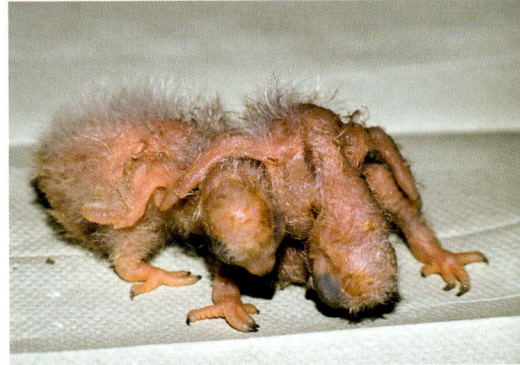

■ Graupapageien kommen nackt, blind und völlig unbeholfen zur Welt, die Nestlinge auf dem unteren Bild sind knapp fünf Wochen alt.

Handaufzucht

Manchmal kommt es zu Störungen im Brut- und Aufzuchtverhalten der Eltern, vor allem bei Graupapageien die das erste Mal brüten. Das Weibchen hudert ihre Jungen nicht, die Nestlinge unterkühlen oder das Paar füttert die Jungen nicht und diese würden ohne Einschreiten verhungern. Dann wird eine künstliche Aufzucht nötig und unter solchen Umständen ist sie auch gerechtfertigt.

Handaufzucht ist allerdings dann abzulehnen, wenn man auf diese Weise versucht, handzahme Graupapageien zu produzieren. Dies ist

kurzsichtig und verantwortungslos und kann als reine Geschäftema-
cherei bezeichnet werden. Den vielen Anzeigen von „garantiert zahmen, süßen Graupapageienbabys" in verschiedenen Fachzeitungen für
Vogelhaltung steht eine viel zu große Zahl von verhaltensgestörten
Graupapageien gegenüber. Gerade aus solchen superzahmen Vögeln
werden später, nach Erreichen der Geschlechtsreife, sehr oft neuroti-
sche, verhaltensauffällige oder schwer verhaltensgestörte Graupapageien. Die Zahl solcher Jungvögel wächst in erschreckendem Maße.
Die meisten Jungvögel werden bei der Handaufzucht ganz wesentlich
in der Entwicklung ihres arteigenen Verhaltens beeinflusst. Besonders
bei einzeln, das heißt auch noch ohne Geschwister, handaufgezogenen Papageien, ist die Prägung auf den Menschen in den meisten Fällen so stark, dass die Vögel später nicht fähig sind,
eine Partnerschaft mit einem Artgenossen einzuge-
hen. Das soziale Verhalten mitsamt der Fähigkeit
zur Partnerbildung lernt ein Graupapagei nur von
den Elterntieren.

Manche Züchter nehmen die Jungvögel erst einige Zeit vor dem Ausfliegen aus dem Nistkasten,
damit sie zwar nicht fehlgeprägt sind, aber sich
doch noch rechtzeitig an den Menschen gewöhnen.
Auch dieser Methode ist mit Vorsicht zu begegnen.
Die Folgen solcher Störung des Brutgeschäftes sind
noch nicht richtig erforscht. Auf jeden Fall werden
die natürlichen Verhaltensweisen und angeborenen
Triebe dabei gestört und es ist anzunehmen, dass es
auch bei solchen Vögeln später zu Problemen beim
Brut- und Aufzuchtverhalten kommen kann.

Auch Artenschutzgründe, die bei manchen seltenen und gefährdeten Papageienarten eine Handauf-
zucht rechtfertigen, gelten nicht für den Graupapageien. Dieser wird
regelmäßig gezüchtet, und zwar in größeren Zahlen, als nachher auch
an geeigneten Plätzen unterkommen.

Eine Handaufzucht sollte nur in Notfällen durchgeführt werden.
Für solche Fälle soll hier auf das Notwendigste eingegangen werden.
Den verwaisten Nestlingen, die meist schon mehr oder weniger unter-
kühlt sind, muss zuerst **Wärme** zugeführt werden. Man gibt sie in
einen warmen Raum in eine offene, etwa 30 × 40 cm große Kiste oder
in eine Schachtel aus Styropor, die besonders gut die Wärme hält,
und bringt darüber eine 60 Watt Glühbirne oder eine Rotlichtlampe
an. Besonders in der ersten Zeit ist zusätzlich eine Wärmflasche zu
empfehlen. Bis zur Befiederung brauchen die kleinen Graupapageien
eine Umgebungstemperatur von 32 bis 33 °C. Wenn die Federn zu

---

Beobachten Sie bei der Handaufzucht
die Küken genau!

- **Zu hohe Temperaturen** zeigt ein
  Küken durch deutliches Unbeha-
  gen an: es hechelt, schnappt nach
  Luft und ist insgesamt sehr unruhig.

- **Bei zu niedrigen Temperaturen**
  werden die Jungen lethargisch,
  fressen schlecht und die Verdau-
  ung funktioniert nicht mehr richtig. Wenn letzteres der Fall ist,
  ist Gefahr im Verzug, die Jungen
  sterben meist sehr schnell.

sprießen beginnen, kann man die Temperatur langsam absenken und wenn die Kleinen genügend befiedert sind, ist Zimmertemperatur ausreichend. Kontrollieren Sie die Temperatur regelmäßig mit einem Thermometer.

Auch für genügend **Luftfeuchtigkeit** ist zu sorgen, zum Beispiel durch feuchtwarme Tücher, die teilweise über die Nestkiste gebreitet werden. Als **Unterlage** für die Jungen dient in den ersten Tagen ein Papierhandtuch, eine Küchenrolle, Zellstoff oder Tücher aus ähnlichem Material, die regelmäßig gewechselt werden. Wichtig ist, aus den genannten Tüchern eine Art **Nest mit einer Mulde** zu bilden, da sich sonst die Beine nach außen zu biegen beginnen.

Zur **Fütterung** werden die Jungen aus dem Nest genommen und auf eine Unterlage gesetzt, an der sie sich gut festhalten können, zum Beispiel auf ein grob strukturiertes Handtuch. Zur Fütterung verwendet man eine Spritze oder einen **kleinen Löffel**. Gerade für einen Anfänger ist die Fütterung mit einem Löffel einfacher; beim Füttern mit einer Spritze besteht immer die Gefahr, dass etwas vom Futter in die Luftröhre gerät, die Jungen können daran ersticken. Die Verwendung einer Spritze sollte daher besser den erfahrenen Züchtern überlassen werden.

Handaufzuchtfutter für Papageien ist im Handel erhältlich. Die Zusammensetzung dieses Futters, die nach Angaben von Tierärzten, Vogelspezialisten und erfahrenen Papageienzüchtern nach neuesten wissenschaftlichen Erkenntnissen erfolgt, gewährleistet eine ausgewogene Ernährung der Nestlinge. Die Papageien entwickeln sich in der

> Man muss sich darüber im Klaren sein, dass die Handaufzucht von Graupapageien sehr viel Zeit, Geduld und Einfühlungsvermögen erfordert. Wer dies nicht aufbringen kann, sollte rechtzeitig den Tierarzt oder einen erfahrenen Züchter um Hilfe bitten.

Bei ganz kleinen Küken empfiehlt es sich einen Plastik-, an Stelle eines Metalllöffels zu verwenden, da dessen Oberfläche weicher ist.

Diese Jungen mussten aus dem Nest genommen werden, weil die Elterntiere die Fütterung eingestellt haben.

Regel gut, Mangelerscheinungen treten so gut wie nie auf. Dieses Futter ist auch leicht zuzubereiten, da es nur mit frisch abgekochtem, warmen Wasser vermischt werden muss.

So wie das gereichte Futter immer **handwarm** sein muss, so muss auch das zur Fütterung verwendete Gerät, also die Spritze oder der Löffel, immer vorgewärmt sein. Das Futter ist auch während der Fütterung in einem Wasserbad warm zu halten. Beim Fertigaufzuchtfutter sind genaue Mischungsangaben je nach Alter der Küken vorgegeben. Die Mischung wird anfangs relativ dünnflüssig zubereitet, dann wird der Wasseranteil allmählich verringert bis schließlich ein dickflüssiger Brei gefüttert wird. Dies ist sehr wichtig, denn ist die Nahrung zu fest, bleibt sie zu lange im Kropf, die Küken brauchen länger, um sie zu verdauen und erhalten insgesamt weniger Nährstoffe, als sie brauchen. Außerdem erhöht sich die Gefahr einer bakteriellen Infektion, wenn die Nahrung zu lange im Kropf bleibt.

Sehr junge Vögel müssen tagsüber alle zwei bis drei Stunden gefüttert werden, später alle vier Stunden. Die Nachtruhe soll anfangs etwa sieben Stunden betragen, also zum Beispiel die letzte Fütterung um 23.00, die erste um 6.00 Uhr. Später kann die Nachtruhe auf zehn Stunden verlängert werden.

Wichtig

Wenn der Kropf des Papageienkükens am Morgen nicht vollständig geleert ist, ist etwas nicht in Ordnung!

78

Das Futter muss für jede Mahlzeit **frisch zubereitet** werden. Bei jeder Mahlzeit wird soviel gefüttert, bis der Kropf richtig prall ist. Gefüttert weden darf immer nur bei **leerem Kropf**, das heißt, der Kropf muss sich zwischen den Mahlzeiten weitgehend bis vollständig entleeren. Erst dann darf die nächste Mahlzeit gegeben werden. Jungvögel betteln auch bei gefülltem Kropf, daher besteht leicht die Gefahr zu viel zu füttern.

Eine ständige **Gewichtskontrolle** ist die beste Methode, Probleme bei der Aufzucht früh zu erkennen. Der Jungvogel sollte täglich vor der ersten Fütterung gewogen werden. Ein gesunder Vogel nimmt bis zum Flügge werden täglich zu. Führen Sie über die Gewichtszunahme Buch.

Wichtig
Bei der künstlichen Aufzucht von Graupapageien ist die Gefahr, dass ein Jungvogel an Überfütterung eingeht weit größer, als dass er verhungert.

Wenn Nestlinge an **Gewicht verlieren**, kann das verschiedene Gründe haben. Einer davon ist die falsche Umgebungstemperatur. Bei zu niedriger Temperatur wird die Energie im Futter dazu verwendet, die nötige Körpertemperatur aufrecht zu erhalten, anstatt sie in Wachstum umzusetzen. Sinkt die Temperatur unter einen kritischen Wert, so verdaut der Jungvogel überhaupt nicht mehr. Dies kann man Stunden nach der Mahlzeit am noch vollen Kropf erkennen. Hier muss sofort gehandelt werden. Reagiert der Nestling auf die Temperaturerhöhung nicht, liegt eine Krankheit vor und es muss schnellstens der Tierarzt konsultiert werden.

Auch bei zu hoher Umgebungstemperatur kann ein Gewichtsverlust einsetzen, denn auch in diesem Fall braucht das Küken zu viel Energie. Eine falsche Zusammensetzung oder auch eine falsche Konsistenz der Aufzuchtnahrung kann ebenfalls Schuld am mangelnden Gewichtszuwachs eines Kükens sein.

Natürlich ist bei der Handaufzucht auch auf peinlichste **Sauberkeit** zu achten. Nach jeder Fütterung sind die Gegenstände zu reinigen und zu desinfizieren. Auch der Schnabel des Kükens und dessen Umgebung muss nach jeder Mahlzeit sorgfältig gesäubert und von Futterresten befreit werden. Jungvögel sind gegen infektiöse Krankheiten, besonders gegen Pilzerkrankungen wie Soor, sehr anfällig.

Die allmähliche **Umstellung auf das normale Futter** für Graupapageien soll erfolgen, sobald das Gefieder voll ausgewachsen ist.

Verhalten verstehen

Die Verständigung der Graupapageien untereinander erfolgt durch optische und akustische Signale. Sie sind gleichzeitig die Kommunikationsbasis, mit denen sich die Vögel auch uns gegenüber verständlich machen. Nur wenn wir die unterschiedlichen Signale richtig deuten können, werden wir das Verhalten unserer Graupapageien verstehen.

Körpersprache

Papageien bedienen sich der Körpersprache auf verschiedene Weise, nicht nur wenn sie unter sich sind, sondern auch gegenüber dem Menschen. Lernen Sie die Körpersprache Ihres Graupapageien durch gute Beobachtung, damit Sie seine Stimmungen erkennen und auch richtig darauf reagieren können.

Furcht
Ein Graupapagei der sich fürchtet, legt die Federn eng an den Körper, reckt den Hals und macht sich ganz schmal. Wenn die Spannung nachlässt, plustert er die Federn auf und schüttelt sich kräftig.

Abwehrverhalten
Fühlt sich ein Graupapagei bedroht, sitzt er aufrecht mit leicht abgestellten, nach oben gehobenen Flügeln. Der Schnabel ist dabei geöffnet, oft wird die Abwehrhaltung durch kreischende Abwehrlaute unterstützt. Ein weiteres Abwehrverhalten ist das Fuß heben. Der Papagei hebt dabei einen Fuß in Brusthöhe und richtet ihn gegen den Rivalen. Bei Artgenossen wirkt diese Geste beschwichtigend, in der Regel stoppt der Gegner daraufhin seine Attacke.

Erregung
Am auffälligsten zeigt sich Erregung beim Graupapagei an seinen Augen. Die Pupillen verengen sich, wodurch die Augen farbintensiver werden und einen funkelnden, feurigen Ausdruck bekommen. Besonders Männchen und dominante Vögel signalisieren ihre Erregung durch das Verengen der Pupillen. Oft werden dabei auch gleichzeitig die Kopffedern gesträubt.

■ Je nach Affektlage zeigt der Graupapagei unterschiedliche Drohgebärden.

Imponieren

Imponiergehabe zeigen vor allem Männchen während der Fortpflanzungszeit. Vögel und Säugetiere versuchen beim Imponieren immer, den Körper so groß wie möglich erscheinen zu lasssen. Graupapageien spreizen dabei die Flügel etwas vom Körper ab und spreizen auch das Kopf- und Nackengefieder.

Aggressives Drohen und Angriff

Graupapageien, die einem Rivalen drohen oder ihn verdrängen wollen, spreizen die Kopffedern und das gesamte Körpergefieder, halten die Flügel leicht abgewinkelt und schreiten mit gesenktem Kopf auf den Rivalen zu. Diese Drohgebärde kann sowohl gegen einen Artgenossen wie auch gegen einen Menschen gerichtet sein. Wird die Individualdistanz unterschritten, wird als zusätzliche Drohung der Schnabel geöffnet. Weicht der Gegner nicht zurück, folgt der Angriff auf dieses frontale Drohen. Der Graupapagei läuft blitzschnell auf seinen Gegner zu und attackiert diesen. Dabei hackt er entweder mit geschlossenem Schnabel zu oder er beißt kräftig zu.

Lautäußerungen

82

Das ohrenbetäubende, krächzende und kreischende **Geschrei** der Graupapageien in der Natur auf ihren Flügen von den Schlafplätzen zu den Futterplätzen ist vielfach beschrieben worden. Über die einzelnen arteigenen Lautäußerungen und deren Bedeutung liegen aber keine detaillierten Analysen vor. So ist es schwierig, bei Graupapageien in Menschenobhut zwischen Naturlauten und Lautimitationen, ausgenommen eindeutiger Nachahmungen zu unterscheiden.

Von seiner Stimmgewalt macht der Graupapagei in der Regel nur Gebrauch, wenn er erschrickt, in Panik gerät, er sich in einem ernsthaften Streit mit einem Artgenossen befindet oder wenn er sich seinen Frust von der Seele schreit (siehe unter „Dauerschreien" im Kapitel „Verhaltensstörungen").

Ein **Knurren** lassen viele Graupapageien bei Annäherung von fremden Personen oder auch vor unbekannten Gegenständen vernehmen. Alle Graupapageien **pfeifen** gerne und in den verschiedensten Tonlagen. Auch Graupapageien, die nie „sprechen" lernen, ahmen Pfiffe und Pfeif-Tonfolgen ihrer Betreuer nach. In Ruhephasen ist oft ein knirschendes Geräusch vom Graupapagei zu hören. Dieses Geräusch entsteht durch das Gegeneinanderreiben von Ober- und Unterschnabel. Dieses **Schnabelwetzen** tritt nur auf, wenn der Graupapagei ganz entspannt ist und sich sicher fühlt.

Der sprechende Papagei

Schon vor Tausenden von Jahren befassten sich die Menschen mit Papageien. Von ihren Eroberungsfeldzügen brachten die Griechen und Römer schließlich die ersten lebenden Papageien auch nach Europa. Die Beliebtheit dieser Tiere war zum einem auf das bunte Gefieder zurückzuführen, vor allem aber beeindruckte die „Menschenähnlichkeit" dieser Vögel: die Benutzung der Füße als Greifwerkzeug, das ausgeprägte Neugier- und Spielverhalten und die erstaunliche Nachahmungsfähigkeit der menschlichen Sprache. Der große französische Naturforscher des 18. Jahrhunderts, Georges Louis Leclerc Buffon, meinte schon damals, dass der Mensch diejenigen Tiere am meisten bewundere, bei denen er Gemeinsamkeiten mit sich selbst zu entdecken glaube: also den Affen wegen der Gestalt und den Papagei wegen der Nachahmung des Sprechens.

Viele Vogelarten können Laute nachahmen, die sie von anderen Tieren, Menschen oder Maschinen gehört haben. Viele erlernen ihren eigenen Gesang durch das Nachahmen ihrer Artgenossen. Bei sol-

Die **Sprachbegabung**, beziehungsweise Nachahmungsbereitschaft bei Graupapageien ist sehr unterschiedlich ausgeprägt: manche können sehr viele Worte und Redensarten, Pfeifgesänge und Melodien, manche bringen es über wenige Worte und Pfeiftöne nicht hinaus, andere lernen es, Geräusche aus ihrer Umgebung täuschend nachzuahmen, vom Hämmern oder anderen handwerklich verursachten Tönen über Husten oder Lachen eines Familienmitgliedes bis zum Läuten des Telefons.

chen Vögeln ist der Gesang von Gegend zu Gegend etwas unterschiedlich, man spricht von „Dialekten". Bei vielen Vogelarten, auch bei Papageien, gibt es solche Dialekte, also Tonfolgen oder Gesänge, die innerhalb einer Gruppe von Generation zu Generation weitergegeben werden.

Beim „Sprechen" der Papageien kommt ihnen diese Fähigkeit zur Nachahmung besonders entgegen. Sie können viele Laute nachmachen – vom Telefonklingeln bis zum Bellen eines Hundes. Auch andere Vogelarten flechten, sowohl in ihrer natürlichen Umgebung als auch in Menschenhand, fremde Laute in ihren Gesang ein. Bekannt dafür sind unsere Krähenvögel oder Stare, allen voran der in Indonesien beheimatete und als Käfigvogel sehr beliebte Beo. Es verwundert nicht, dass all diese Vogelarten auch die menschliche Sprache mehr oder weniger gut nachahmen können.

Bei den verschiedenen Papageienarten ist die Fähigkeit, menschliche Worte erkennbar nachzuahmen, sehr unterschiedlich entwickelt. Arten, die ganzjährig in einem engen sozialen Kontakt leben, wie zum Beispiel Wellensittiche oder Amazonen, scheinen dafür besonders begabt zu sein. Am ausgeprägtesten aber ist die Sprechbegabung wohl bei den Graupapageien. Das erkannte man schon früh. Ende des 19. Jahrhunderts, zur Blütezeit der Papageienhaltung in höfischen Kreisen, wurde der Graupapagei wegen seiner großen Gelehrigkeit zum beliebtesten Zimmervogel und 1872 schrieb der deutsche Zoologe Alfred Brehm: „Wenn es irgend einen Vogel gibt, der allgemeine Beachtung und Anerkennung genießt, so ist es der gezähmte „Jako'."

Viele Graupapageien aber sprechen trotz Bemühen seitens des Pflegers nie. Ob ein Graupapagei spricht oder nicht, hat nichts mit dem Grad der Zahmheit zu tun, nicht alle Sprecher sind handzahm. Allerdings ahmen junge Graupapageien meist schneller und mehr nach als Altvögel.

Sehr viele sprechende Graupapageien sprechen nicht gerne vor unbekannten Personen und lassen sich oft auch durch nichts dazu ermuntern. Seltener kommt es vor, dass Graupapageien gerade dann darauf los plaudern, wenn viele Personen anwesend sind. Besonders verblüffend wirkt oft, dass viele Worte von den Vögeln situationsgebunden angewendet werden. Das hat immer wieder zu einer starken Überschätzung der geistigen Fähigkeiten von Graupapageien geführt. Umstritten ist, ob der Graupapagei die Bedeutung des Wortes kennen kann, ob er

Rechte Seite: Eine Erdnuss als Leckerbissen ist ab und zu erlaubt. Ein zu großes Angebot an Nüssen führt aber schnell zu einer Verfettung des Graupapageien.

Bei der Sprachbegabung der Graupapageien gibt es große individuelle Unterschiede.

Gar nicht wasser-
scheu ist dieser Grau-
papagei.

also ein „Sprachverständnis" hat. Für diese Theorie spricht, dass ein Papagei, wenn er erst einmal das Wort für ein begehrtes Futter erlernt hat, namentlich danach fragt und einen Ersatz dafür in der Regel zurückweist. Aufbauend auf diese Theorie, dass Papageien etwas über die Laute, die sie nachahmen, wissen, begann die Amerikanerin Irene Pepperberg mit ihrem Graupapagei „Alex" Ende der siebziger Jahre des vergangenen Jahrhunderts mit einem speziellen Sprachtrainingsprogramm. Nach etwa zehn Jahren hatte sich Alex ein Vokabular aus 70 Wörtern angeeignet, das aus Namen von Gegenständen, Farben, Formen, Zahlen und Redewendungen wie zum Beispiel „Komm her" bestand. Alex hatte nicht nur die Wörter gelernt, sondern er konnte sie auch bei der Beantwortung einer Frage in der richtigen Reihenfolge anwenden, um dann als Belohnung einen Leckerbissen zu erhalten. Wenn der Trainer ihn zum Beispiel nach der Farbe, Form oder dem Material eines Gegenstandes fragte, hat Alex in 95 Prozent der Fälle richtig geantwortet. Dabei kommt Alex nicht nur mit vertrauten, sondern auch mit fremden Objekten zurecht, was als Beweis dafür angeführt wird, dass er wirklich die Begriffe und die logischen Zusammenhänge versteht.

Diese Fähigkeiten von Alex stellen die bisherigen Theorien der Verhaltensforscher über die Mitteilungs- und Erkenntnismöglichkeiten bei Papageien in Frage. Bisher herrschte die Annahme, dass der Graupapagei die Bedeutung des Wortes nicht kenne, er also kein Sprachverständnis habe. Für ihn sei das Wort nur ein Geräusch oder ein Laut, mit dem er ein Ereignis assoziiere. Er verbinde also mit den Tönen, die er nachahmt, Zeit, Ort und Personen oder auch Gegenstände. Hierfür gibt es unzählige Beispiele. Viele Graupapageien sagen „Auf Wiedersehen", wenn jemand zur Haustür geht oder seinen Hut aufsetzt. Die Nachahmung kann auch mit akustischen Eindrücken verbunden sein, zum Beispiel wenn der Graupapagei auf ein Klopfen an der Tür „Herein" ruft. Graupapageien nehmen oft sogar die situationsgebundenen Worte oder Laute vorweg, noch ehe die Situation da ist. Schon 1953 schreibt Otto zur Strassen zu diesem Thema in einem in der „Deutschen zoologischen Gesellschaft" erschienenen Artikel über seinen Graupapageien Folgendes: „Wenn wir spät abends nach Hause kamen, geschah es zuweilen, dass meine Frau einem Schränkchen, dessen Tür früher einmal gequietscht hatte, eine Likörflasche entnahm und zwei Gläschen einschenkte. Hierbei beschrieb der Jako den ganzen Vorgang durch eine Folge passender Tonsignale, nur eben im voraus. Ehe noch meine Frau an das Schränkchen ging, quietschte er, dann gab er den klirrenden Glaston zum besten, hierauf das schleifende Geräusch des herausgezogenen Stöpsels und endlich das aufsteigende gluck, gluck, gluck, womit er allgemein das Ausgießen einer Flüssigkeit aus einer Flasche zu annoncieren pflegte." In einem anderen Fall hat ein Graupapagei die schlechte Angewohnheit, von seinem Verteidigungsmittel Gebrauch zu machen: zu beißen, wenn ihm etwas nicht passt, um unmittelbar darauf laut und deutlich „Au" zu rufen. Wenn er also jemanden beißt, macht er auch gleich den Schmerzensschrei des Gebissenen dazu, bevor dieser überhaupt dazu kommt, selbst Luft zu holen.

All diese Beispiele sind Beweise dafür, dass der Graupapagei zum situationsgebunden Nachahmen fähig ist, weil er eben den Laut oder das Wort mit dem Ereignis assoziiert. Sie sagen aber nichts darüber aus, ob der Graupapagei tatsächlich die Begriffe und die logischen Zusammenhänge versteht, wie das beim Graupapageien Alex der Fall zu sein

> ## Wichtig
>
> Die Sprachbegabung eines Graupapageien sollte niemals ein Grund für die Anschaffung eines solchen Vogels sein. Nur dann werden Sie auch keine Enttäuschung erleben. Denn der individuelle Charakter und auch die individuelle Lernfähigkeit sind bei Graupapageien sehr ausgeprägt. Manche Grauen reden den ganzen Tag und sprechen irgendwelche Wörter nach, andere lernen es nie, menschliche Worte nachzuahmen. Zwingen Sie solchen Vögeln kein Sprachtraining auf, sondern freuen Sie sich an der Beobachtung ihrer natürlichen Verhaltensweisen.

■ Die Rinde frischer Zweige enthält wertvolle Nährstoffe.

scheint. Einen sicheren Nachweis werden wir erst dann erhalten, wenn die angeblichen Fähigkeiten des dressierten Alex durch Wiederholungen mit anderen Graupapageien nachgeprüft worden sind.

In der Regel lernen Graupapageien Wörter dadurch, dass ihnen diese mit viel Geduld immer wieder vorgesagt werden. Erstaunlich sind dabei auch die langen Latenzzeiten – so bezeichnet man in der Verhaltensphysiologie die Zeit zwischen dem Setzen eines Reizes und der erkennbaren Reaktion. Der Zoologe Otto Koehler sagte seinem Graupapageien die Ziffern Eins, Zwei und Drei immer wieder vor, doch der Vogel zeigte keinerlei Anteilnahme, so dass Koehler nach einigen Wochen aufgab. Zwei Jahre später sagte der Graupapagei plötzlich „Eins, Zwei, Drei" im genauen Tonfall Koehlers, obwohl er diese Wörter in der Zwischenzeit nicht mehr gehört hatte.
Wörter können aber auch spontan erlernt werden, dann, wenn sich der Graupapagei in großer Erregung befindet. Der oben erwähnte Schmerzenslaut „Au" ist solch ein spontan erlerntes Wort.

Verhaltensstörungen

Junge, noch nicht geschlechtsreife Graupapageien sind meist problemlos und zeigen selten Verhaltensstörungen. Erst mit Eintreten der Geschlechtsreife machen sich Verhaltensstörungen und -auffälligkeiten bemerkbar. Einzeln lebende Graupapageien legen dann ein verändertes Verhalten an den Tag.

Besonders häufig treten Verhaltensstörungen bei zahmen, handaufgezogenen Vögeln auf. Auch isoliert gehaltene Papageien, denen es nicht möglich ist, soziale oder sexuelle Bedürfnisse mit einem adäquaten Partner auszuleben, sind anfällig dafür. Einmal entstandene Verhaltensstörungen sind, auch bei Änderung der Haltungsbedingungen nur sehr schwer wieder wegzubekommen.

Bewegungsstereotypien können vermieden werden, wenn der Graupapagei in einer ausreichend großen Voliere untergebracht ist oder ihm täglich ein ausgiebiger Freiflug in der Wohnung gewährt wird und wenn ihm genügend Beschäftigungsmöglichkeiten geboten werden.

Bewegungsstereotypien
Bei Käfigvögeln sind Bewegungsstereotypien eine der auffälligsten Verhaltensstörungen. Darunter versteht man die zwanghafte, gleichförmige Wiederholung von bestimmten Verhaltensweisen. Bewegungsstereotypien treten besonders bei solchen Graupapageien auf, die ständig in einem kleinen Käfig leben müssen. Auf Grund ihrer beengten, reizlosen Unterbringung haben sie keine Möglichkeit, ihre arteigenen Bewegungen wie Klettern und Fliegen auszuführen. Manche Graupapageien kom-

pensieren dies mit Flugübungen im „Leerlauf". Sie halten sich mit dem Schnabel am Käfiggitter oder an einer Sitzstange fest und schlagen dabei kräftig mit den Flügeln. Eine schon krankhafte Reaktion auf mangelnde Bewegungsmöglichkeit ist das „Nicken" – eine starre, ständig wiederholte Auf- und Abbewegung des Kopfes. Dieses Nicken entwickelt sich aus dem immer wieder erfolglosen Versuch, abzufliegen. Vom Bewegungsmuster des Abfluges bleibt nur der Beginn der Handlung übrig, die Aufwärtsbewegung des Kopfes, die dann stereotyp wiederholt wird.

Lethargie

Ein gesunder Graupapagei ist lebhaft, aktiv und interessiert. Kranke Graupapageien erkennen Sie unter anderem an ihrer Teilnahmslosigkeit, sie machen insgesamt einen schläfrigen Eindruck. Nicht jeder Graupapagei aber, der lustlos herumsitzt und wenig Interesse an seiner Umgebung zeigt, muss körperlich krank sein. Auch Graupapageien,

> Papageien müssen behutsam aus ihrer Lethargie herausgeführt werden. Das kann lange dauern, viel Geduld und Zeit sind dafür nötig. Das beste Mittel gegen Lethargie ist ein passender, akzeptierter Sozialpartner.

die mangels Beschäftigung, Ansprache und sozialer Kontakte frustriert sind, können sich in sich selbst zurückziehen. Sie werden körperlich und seelisch träge, sitzen den ganzen Tag teilnahmslos da, die einzigen Aktivitäten sind die Futteraufnahme und die Putzphasen. Es kann sogar vorkommen, dass sich der Papagei dann auch nicht mehr so häufig und sorgfältig putzt. Gefiederprobleme können folgen und im schlimmsten Fall wird der Graupapagei zum Federrupfer.

Aggression

Aggressives Verhalten eines Graupapageien tritt meist mit Eintritt der Geschlechtsreife auf. Es ist ein Zeichen für seine Fortpflanzungsbereitschaft. Mangels eines artgerechten Sexualpartners richtet sich das Sexualverhalten oft auf den menschlichen Partner, oft muss der Pfleger sogar als Ersatzobjekt bei Kopulationsversuchen herhalten. Alle anderen Personen sieht der Graupapagei als Rivalen und begegnet ihnen mit entsprechender Aggression. In der Regel tritt dieses aggressive Verhalten nur auf, wenn der Papagei in Brutstimmung ist. Auch bei paarweiser Haltung wird vor allem das Männchen während der Balz- und Brutperiode territorial und verteidigt sein Revier vehement. Das trifft auch auf sonst völlig zahme und vertraute Vögel zu und ist keine Verhaltensstörung.

Oft tritt aggressives Verhalten aber nicht nur dann auf, sondern ständig. Es kann sich nur gegen einzelne Personen richten oder aber gegen alle und auch den Betreuer selbst. Solch ein generell aggressives Verhalten entsteht durch Frustration, wenn soziale, sexuelle oder

89

auch motorische Bedürfnisse auf Dauer nicht befriedigt werden können.

Dauerschreien

Graupapageien sind zum Beispiel verglichen mit Amazonen relativ ruhige Vögel und daher durchaus für die Wohnungshaltung geeignet. Ihre stimmlichen Äußerungen in Menschenobhut beschränken sich auf unterschiedliche leisere Töne, Pfiffe und das Geplapper erlernter Worte und Geräusche. Graupapageien im Freiland hingegen sind laut. Am Anfang wird Ihr Graupapagei noch öfters von seiner Stimme Gebrauch machen, je mehr er sich aber an die neue Umgebung gewöhnt und je weniger er allein gelassen wird, desto schneller lässt er das laute Schreien.

Graupapageien hingegen, die mangels Beschäftigungsmöglichkeiten und sozialer Kontakte einsam und frustriert sind, können sich zu Dauerschreiern entwickeln. Zunächst wollen sie sich durch lautes Kreischen und Schreien nur bemerkbar machen, mit der Zeit wird das Schreien zur Gewohnheit. Nachbarn werden sich über die Lärmbelästigung beschweren und oft gibt der entnervte Besitzer schnell auf und trennt sich von diesem Graupapageien. Besitzwechsel und Umstellung der Lebensgewohnheiten bedeuten zusätzlichen Stress für den Vogel. Verhaltensauffälligkeiten wie das Dauerschreien können dadurch noch verstärkt werden.

> Nur eine optimale Unterbringung, möglichst in einer Freivoliere, und ein adäquater Partner können beim Dauerschreien Abhilfe schaffen. Natürlich wird der Graupapagei diese schlechte Eigenschaft nicht von heute auf morgen ablegen, aber je wohler er sich fühlt, desto seltener wird er das laute Schreien und Kreischen hören lassen.

Federrupfen

Federrupfen ist eine bei Graupapageien sehr häufig vorkommende Verhaltensstörung. Dabei beginnt der Papagei zunächst, sich selbst die Dunenfedern und kleinen Federn an Brust und Bauch auszurupfen, später werden auch die größeren Federn an den übrigen Teilen des Körpers abgebissen. Auch die nachwachsenden Federn werden sofort ausgerupft oder abgebissen.

Die Ursachen für dieses Verhalten sind mannigfaltig und meist nur schwer festzustellen. Haltungsfaktoren wie zu geringe Luftfeuchtigkeit oder eine nicht ausgewogene Ernährung können dafür verantwortlich sein. Auch ein zu starker Bruttrieb kann in seltenen Fällen zum Federrupfen führen, dabei handelt es sich aber im Gegensatz zu einem krankhaften Rupfen um eine zeitlich beschränkte Störung.

In den letzten Jahrzehnten hat sich immer deutlicher gezeigt, dass das Rupfen ein psychisch bedingtes Verhalten ist und nur in seltenen Fällen auf Parasitenbefall, Mineralstoffmangel oder Juckreiz infolge einer Stoffwechselkrankheit beruht. Das Ausmaß des Federrupfens kann sehr unterschiedlich sein. Manche Graupapageien beschränken sich auf Federn an einer bestimmten Stelle, sehr häufig betrifft das die Brustfedern. Andere rupfen sich buchstäblich nackt, so dass nur die Federn am Kopf, die der Graupapagei nicht erreicht, stehen bleiben. Manchmal fügen sie sich dabei auch blutige Verletzungen zu, wenn mit dem Ausreißen der Federn die Haut mit verletzt wird. Die dabei auftretenden Schmerzen halten einen Rupfer nicht davon ab, sich weiter zu verstümmeln.

Für die Kontakt liebenden Graupapageien ist die gegenseitige Gefiederpflege Teil ihrer partnerschaftlichen Beziehung. Bei einzeln gehaltenen und unterbeschäftigten Vögeln wird die eigene Gefiederpflege vom Vogel oft übertrieben und kann auch zum Federrupfen oder Federbeißen führen. Generell scheint beim Federrupfen dem fehlenden sozialen Kontakt zu einem Partnervogel oder Artgenossen die größte Bedeutung zuzukommen, da bei vielen Patienten die Vermittlung eines passenden Partners ein Ende des Rupfens bewirkt hat. Dies hat sich in großen Versuchen zum Beispiel an der Tierärztlichen Hochschule in Hannover und bei einem ähnlichen Projekt am Institut für Zoologie der Universität Wien gezeigt.

Federrupfen ist eine schwere Neurose, die sehr oft auch unter geänderten Lebensbedingungen nicht abgelegt wird. Umso wichtiger ist es, beim ersten Anzeichen von Federrupfen so schnell wie möglich zu handeln, damit dieses Verhalten nicht zur Gewohnheit wird. Wenn Mangelerscheinungen, Parasitenbefall oder Hauterkrankungen auf Grund der tierärztlichen Diagnose als Ursache ausgeschlossen werden können, muss man es mit der Umstellung der Haltungsbedingungen versuchen. Regelmäßiges Duschen mit warmem Wasser kompensiert die trockene Luft in den Wohnräumen. Bieten Sie dem Graupapageien immer neue Beschäftigungsmöglichkeiten, frische Zweige zum Zernagen. Vor allem aber widmen Sie ihm soviel Zeit wie möglich. In vielen Fällen hilft einfach die Anschaffung eines Vogelpartners, am besten kombiniert mit der Übersiedelung der Papageien in eine Freivoliere. Inzwischen gibt es Partnervermittlungsstellen für Papageien, an die man sich ebenfalls wenden kann.

Nur durch veränderte Lebensbedingungen wird man einem Graupapageien das Federrupfen abgewöhnen können.

Ausgelöst wird **Federrupfen** unter anderem durch:
- Einsamkeit,
- Langeweile,
- permanente Stresssituationen,
- Fehlen eines Geschlechtspartners,
- Zwangsverpaarung mit fehlender Harmonie der Partner,
- Besitzerwechsel,
- plötzliche Umstellungen des geregelten Tagesablaufes.

Verzeichnisse

Adressen

<u>Artenschutzbehörden</u>
Deutschland:
Bundesministerium für Umwelt,
Naturschutz und Reaktorsicher-
heit
Godesberger Allee 90
Postfach 12 06 29
D–53048 Bonn

Österreich:
Bundesministerium für wirt-
schaftliche Angelegenheiten
Landstraßer Hauptstraße 55-57
A-1030 Wien

Schweiz:
Office Vétérinaire Fédéral
Liebefled-Bern
Schwarzenburgstraße 161
CH-3003 Bern

<u>Veterinärbehörden</u>
Deutschland:
Bundesministerium für
Ernährung, Landwirtschaft und
Forsten
Rochusstraße 1
D–53123 Bonn

Österreich:
Bundeskanzleramt Veterinärver-
waltung
Radetzkystraße 2
A-1031 Wien

Schweiz:
Office Vétérinaire Fédéral
Liebefeld–Bern
Schwarzenburgstraße 161
CH-3003 Bern

Institut für Papageienforschung
Heideweg 20
D–46539 Dinslaken

Arbeitsgemeinschaft
Papageienschutz
Marktgasse 62
A-1090 Wien

Literatur

Bücher
Aeckerlein, W.: Die Ernährung des
Vogels. Verlag Eugen Ulmer, Stutt-
gart 1986.
Bielfeld, H.: Vogelfutter aus der
Natur. Verlag Eugen Ulmer, Stutt-
gart 1993.
Grahl, W.de.: Der Graupapagei.
Verlag Eugen Ulmer, Stuttgart
1991.
Gylsdorff, I., Grimm, F.: Vogelkrank-
heiten. Verlag Eugen Ulmer, Stutt-
gart 1987.
Lantermann, W.: Großpapageien.
Wesen, Verhalten, Bedürfnisse.
Franckh-Kosmos Verlag, Stuttgart
1990.
Liebenow, H., Liebenow, K.: Gift-
pflanzen. Vademecum für Tierärzte,
Landwirte und Tierhalter. Gustav
Fischer Verlag, Jena 1993.

Müller-Bierl, M.: Sprechende Papageien. Kultur- und Naturgeschichte.
Verlag Eugen Ulmer, Stuttgart 1992.

Zeitschriften
Die Gefiederte Welt. Eugen Ulmer
Verlag, Stuttgart.
Die Voliere. Verlag. M. und H. Scha-
per, Alfeld/Leine.
Papageien. Arndt-Verlag, Bretten.
WP-Magazin. Arndt- Verlag, Bretten.

Bildquellen

Bielfeld, Horst, Jameln: Seite 45, 47,
78, 91
Blickwinkel/J. van Haan, Witten:
Titelseite großes Foto
Conrad, Corinna, Moers: Titelseite
kleines Foto, Seite 7, 9 (2), 11, 29,
34 unten, 41, 53, 56, 58, 59, 64, 70,
73, 84, 86, 87
Hoppe, Dieter, Esslingen: Umschlag-
rückseite, Seite 15
Juniors/H.W. Crone, Ruhpolding:
Seite 85
Juniors/J.u.P. Wegner, Ruhpolding:
Seite 1, 5, 13, 65
Juniors/U. Walz, Ruhpolding: Seite
38
Kohl, E., Wien: Seite 28
Pfeffer, Franz, Plattling: Seite 14,
25, 26, 27, 33, 36, 43, 46, 50, 55,
62, 72, 75 (2)
Reinhard Tierfoto, Heiligkreuz-
steinach: Seite 17, 19, 48, 69, 81
Ziegler, N., Wien: Seite 34 oben,
40 (2)

Register

Impressum
Die Deutsche Bibliothek –
CIP-Einheitsaufnahme
Schratter, Dagmar:
Graupapageien / Dagmar Schratter.
-Stuttgart (Hohenheim) : Ulmer,
2001 (Heimtiere)
   ISBN 3-8001-3176-5

© 2001 Verlag Eugen Ulmer GmbH
& Co., Wollgrasweg 41, 70599
Stuttgart, internet: www.ulmer.de;
e-mail: info@ulmer.de.
Printed in Germany
Lektorat: Dr. Eva-Maria Götz
Herstellung & DTP: Silke Reuter
Druck & Bindung: Appl, Wemding

Weitere Literaturempfehlungen ...

Diese Monographie über die Papageien der Welt besteht aus drei Bänden. Sie beschreibt alle Papageienarten mit sämtlichen Unterarten, Verbreitung, Habitus und Lebensweise der Vögel, ihren Status in der Natur und in Menschenhand. Verbreitungskarten der Arten und Unterarten sowie eine tabellarische Kurzcharakteristik zu jeder Spezies dienen der schnellen Information. Ein weiterer Beitrag hilft, anhand von Gefiedermerkmalen verwandte Arten, Unterarten oder sogar Mischlinge eindeutig zu bestimmen.

Handbuch der Vogelpflege - Papageien. Bd. 1: Hygiene, Krankheiten, Brut und Aufzucht Papageienvögel Australiens, Ozeaniens und Südostasiens. Etwa 477 S., 290 Farbf., 154 frbg. Karten, 49 Strichzeichn. ISBN 3-8001-7485-5.
Handbuch der Vogelpflege - Papageien. Bd. 2: Neuseeland, Australien, Ozeanien, Südostasien, Afrika. F. Robiller. 1997. 464 S., 250 Farbf. und Tafeln, 141 farbige Zeichn. und Karten. ISBN 3-8001-7229-1.
Handbuch der Vogelpflege - Papageien. Bd. 3: Mittel- und Südamerika. F. Robiller. 1990. 504 S., 337 Farbf., 11 Farbzeichn., 137 Farbkarten. ISBN 3-8001-7207-0.

Wer Papageien und Sittiche art- und tiergerecht halten will, braucht Kenntnisse über die Lebensbedingungen, die Nahrung und das Sozialverhalten dieser Vögel. Ziel dieses vorzüglichen Buches ist es, dieses Wissen allgemeinverständlich zu vermitteln. Die Auswahl der vorgestellten Papageien und Sittiche bietet dem Anfänger einen Überblick, welche Arten besonders geeignet sind und leicht gepflegt werden können. Auch Fortgeschrittene werden von dem konzentriert dargebotenen Wissen profitieren.

Papageien und Sittiche. H. Pinter. 1997. 124 Seiten, 101 Farbfotos, 17 Zeichnungen. ISBN-3-8001-7354-9.

Dieses Buch dient als grundlegende Einführung in die Haltung von Papageien und Sittichen. Es enthält genaue Artbeschreibungen, alles Wichtige über die Herkunftsgebiete, die speziellen Lebens- und Ernährungsweisen und die Haltungsbedingungen.

Sittiche und Papageien. D. Hoppe. 4. Aufl. 2000. 127 Seiten, 49 Farbfotos, 21 Zeichnungen. ISBN 3-8001-3160-9.

... über Vögel und ihre Haltung.

Loris gehören zu den farbenprächtigsten und deshalb attraktivsten Papageien für den Vogelliebhaber. Aber sie sind anspruchsvolle Pfleglinge. Dieses Buch schafft für Liebhaber und Züchter von Loris die theoretische Grundlage für die Pflege, Haltung und Zucht dieser wunderschönen Papageiengruppe. So werden das Freileben in der Natur, Haltung und Zucht, Krankheiten, Verletzungen, Pflege, Gattungen und Arten dieser eindrucksvollen Papageiengruppe besprochen.
Loris. Freileben, Haltung und Zucht der Pinselzungenpapageien. T. Pagel. 2. Auflage 1998. 240 Seiten, 94 Fotos, 25 Zeichn., 13 Verbreitungskarten. ISBN 3-8001-7352-2.

Kanarienvögel gehören zu den beliebtesten Zimmervögeln. Wer sich für sie entscheidet, sollte vor dem Kauf über Fragen der Unterkunft, des Umfeldes, der Ernährung und Gesunderhaltung informiert sein. Auf all das gibt dieses Buch Antwort und hält Tipps und Hinweise für viele Probleme des Alltags bereit.
Kanarien. H. Claßen. 2001. Etwa 96 Seiten, 55 Farbf., 20 Zeichn. ISBN 3-8001-3184-6.

In diesem Buch werden Agaporniden als farbenfrohe, kleine Papageien vorgestellt. Bevor man sich entscheidet, Unzertrennliche zu halten, sollte man einige Dinge im Vorfeld klären. Worauf es dabei ankommt, erfährt der Leser auf praxisbezogene Weise und mit vielen Tipps und Hinweisen.
Agaporniden. Unzertrennliche. J. u. R. Ehlenbröker, E. Lietzow. 2001. Etwa 96 Seiten, 55 Farbf., 20 Zeichn.. ISBN 3-8001-3152-8.

Dieses Buch beschreibt alles Wissenswerte über den Graupapagei: Gattungen, Haltung und Eingewöhnung, sowie Zucht, Zähmung und Krankheiten.
Der Graupapagei. Pflege, Zucht und Zähmung. Eine Chronik aus 100 Jahren. W. de Grahl. 8. Auflage 1991. 203 Seiten, 26 Farbfotos, 13 sw-Fotos, 13 Zeichnungen, 1 Verbreitungskarte. ISBN 3-8001-7249-6.

Papageien. W. de Grahl. 9. Auflage 1990. 293 S., 141 Farbf., 63 sw-Fotos und Zeichn., 4 Übersichtskarten. ISBN 3-8001-7226-7.